eビジネス
新

No

週 経済

宇宙 ものづくり

すごいベンチャー2022 前編

医療 DX

モビリティ

ESG コンピューティング

週刊東洋経済 eビジネス新書 No.438

すごいベンチャー2022〔前編〕

本書は、東洋経済新報社刊『週刊東洋経済』2022年9月17日・24日合併号より抜粋、加筆修正のうえ制作しています。情報は底本編集当時のものです。（標準読了時間　120分）

すごいベンチャー2022〔前編〕　目次

ベンチャー超入門　「スタートアップ」を知る基本

ベンチャー企業とは、これまでにないビジネスやサービスを展開する新興の会社を指し、スタートアップ企業とも呼ばれる。既存の枠にとらわれない一方、近年はベンチャーのエコシステム（生態系）が形成されてきた。ここではその枠組みを解説する。

まず、事業の成長のステージに応じた分類がある。それが、「シード」「アーリー」「ミドル」「レイター」の4つだ。

シードステージは、文字どおり「種」の段階で、構想はあるものの、事業化に向けて開発・研究を進めている状況を指す。

アーリーステージは製品やサービスの提供が始まった（ローンチ）段階で、顧客にサービスや製品を試してもらいながら改良を重ねていく。費用はかかるものの、顧客数の拡大や社内体制の整備を進める。

ミドルステージは、事業が本格化し、製品・サービスの量や利用者数が拡大していく段階。収益化の見通しも立ち始め、従業員数も数十人規模になっている。

レイターステージは、成長が軌道に乗り、新規株式公開（ＩＰＯ）や事業売却（Ｍ＆Ａ）などエグジット（出口戦略）に向けた事業計画を進める段階となる。

これらのステージに応じて事業の拡大や運営に必要な資金を調達する。金額はシードなら数百万円から数千万円、アーリーなら１０００万円から数億円、ミドルなら数億円から１０億円程度、レイターは数十億円の規模になる。

資金調達の規模をそうした成長度合いに応じて区分したのが「資金調達ラウンド」だ。

その区分の仕方はいくつかあるが、国内で代表的なのは、スタートアップ情報プラットフォームのＩＮＩＴＩＡＬ（イニシャル）が定めたものだ。最初の外部資金調達をシードラウンドと呼ぶ。シリーズAは、株価が変化し、さらに資金調達後の企業評価額が5億円以上になる段階、シリーズBは、シリーズAのあと新たな資金調達をし、その時点の評価額が20%以上増加するケースだ。以降、資金調達後の評価額が20%増加するたびにC、D……と段階が上がる。シリーズAには満たない2回目以降の資金調達をプレシリーズAと呼ぶことがある。

　この資金調達ラウンドをステージと照らし合わせると、シリーズA~Bがアーリー、B~Cがミドル、D以上がレイターとなる。

◆ どの成長段階にあるか把握することが重要
—ベンチャーの資金調達ラウンド、ステージ—

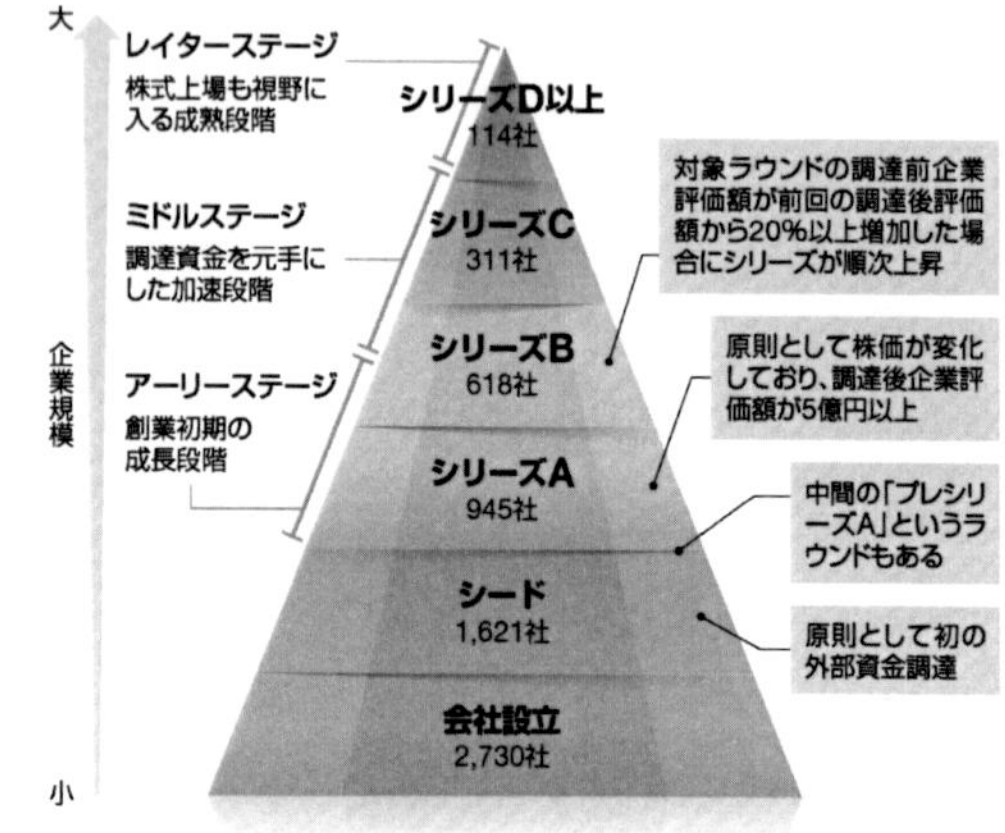

(注)2015年以降に対象となる増資があり、継続的に調査対象となっている企業6769社が対象。各シリーズの定義はINITIALの基準による。基準日(22年7月25日)時点の最新の増資にシリーズを付与。基準日時点の最新ラウンドが「判定不可」の企業は430社
(出所)INITIALの資料や取材を基に東洋経済作成

評価額は、上場企業でいう時価総額に当たる。VC（ベンチャーキャピタル）などが算定する株価 × 発行済み株式数で計算される。

評価額が10億ドル（約1400億円）を超えた設立10年以内の未上場企業を「ユニコーン企業」と呼ぶ。国内では1000億円以上を対象にする場合もある。

出資者の存在も大きい

一方、投資家もベンチャーエコシステムの大きなプレーヤーだ。投資家は、事業会社のほかにVC、CVC（コーポレートベンチャーキャピタル）、個人であるエンジェル投資家に大別される。

VCとは、金融機関や機関投資家、一般企業、自治体等から資金を集め、それをベンチャーに出資して運用する投資会社を指す。ファンドを組成し、集めた資金から出資を行う。同時に出資先企業の成長を目指してコンサルティング支援を行うことが多い。

一方で、CVCは一般企業が、自社の資金をベンチャーに投資する際に、ベンチャーキャピタルを立ち上げて、ファンドを組成し、投資、運用するスキームのこと。運営を外部のVCに依頼するケースもある。

また、エンジェル投資家とは個人の出資者のこと。ベンチャーで成功を収めた起業家が、創業初期で信用力の少ないベンチャーに出資するケースが多い。

シードやレイターなど、どの段階で投資するかで、リスクやリターンが違ってくるが、投資方針はそれぞれ異なる。投資家の最終的なゴールは、投資額以上の利益を得ること。そのためにベンチャーの価値を高め、IPOやM&Aなどのエグジットによって目的を果たす。

話についていくキーワード!

ビジネスパーソンにはなじみが薄いが、ベンチャー関係者の間でよく使われる用語8選を紹介しよう。

【ピッチ】

短いプレゼンテーションの意味。そのイベントやコンテストでは起業家が投資家に事業構想を披露、優れた内容には賞金が出るほか、出資につながる場合も多い。

【T2D3】

売上高やARRを2年連続で3倍（トリプル）にし、その後3年連続で2倍（ダブル）にすること。5年で72倍に拡大する、ベンチャーの理想的な成長曲線といわれている。

【ARR】

Annual Recurring Revenue の略で、1年間にコンスタントに得られる経常収益（年間で安定的に得られる売り上げ）を指す。SaaS企業を評価する指標として使われることが多い。

【ランウェイ】

滑走路という意味だが、ベンチャーでは「会社の資金が尽きるまでの期間」として使われる。残り資金を1カ月当たりの赤字額（バーンレート）で割って算出する。

【ピボット】

本来は「回転軸」という意味で、ベンチャー業界では、事業の大幅な変更や方針転換をする際に使われる。事業が低迷していれば、当初計画に固執しない決断も必要になる。

【ドライパウダー】

組成したファンドの運用総額（ＡＵＭ：Assets Under Management）のうち、まだ投資が実行されていない待機資金を指す。その多寡が資金調達相場にも影響する。

【LP、GP】

ともにVC関係者を表す言葉。LP（リミテッドパートナー）は、ファンドへの出資者の呼称で、GP（ゼネラルパートナー）は、ファンドにおける投資責任者を指す。

【SO】

ストックオプションの略で、株式を会社が定めた価格で購入する権利。値上がり益が報酬となる。直接株式を渡すRSU（譲渡制限付き株式報酬）という制度もある。

（宇都宮　徹）

逆風でも勝てるベンチャーはどこだ

米国を震源とする株式市場の低迷が、世界のベンチャー企業に影を落とす。輝く「ユニコーン」(評価額10億ドル以上で創業10年以内の未上場企業)としてもてはやされた企業の評価額が急落し、相次いで人員削減を迫られた。ベンチャーキャピタル(VC)などの投資家は、利益を出すことを起業家たちに要求している。

日本のベンチャーにとってもひとごとではない。「評価額の下落は少しではない、半額だ」「想定した評価額に届かず、資金調達を諦めて事業を縮小した」。一部ベンチャーの経営陣からは苦しい声が聞こえ始めている。

スタートアップ情報プラットフォームのINITIALによれば、2022年1〜6月の国内ベンチャーの資金調達額は4160億円と、上半期として過去最高となった。大型調達が連発され、年間で初めて8000億円を超えた2021年を上回るペースだ。

資金調達額は過去最高水準

—国内スタートアップの資金調達総額と1社平均額—

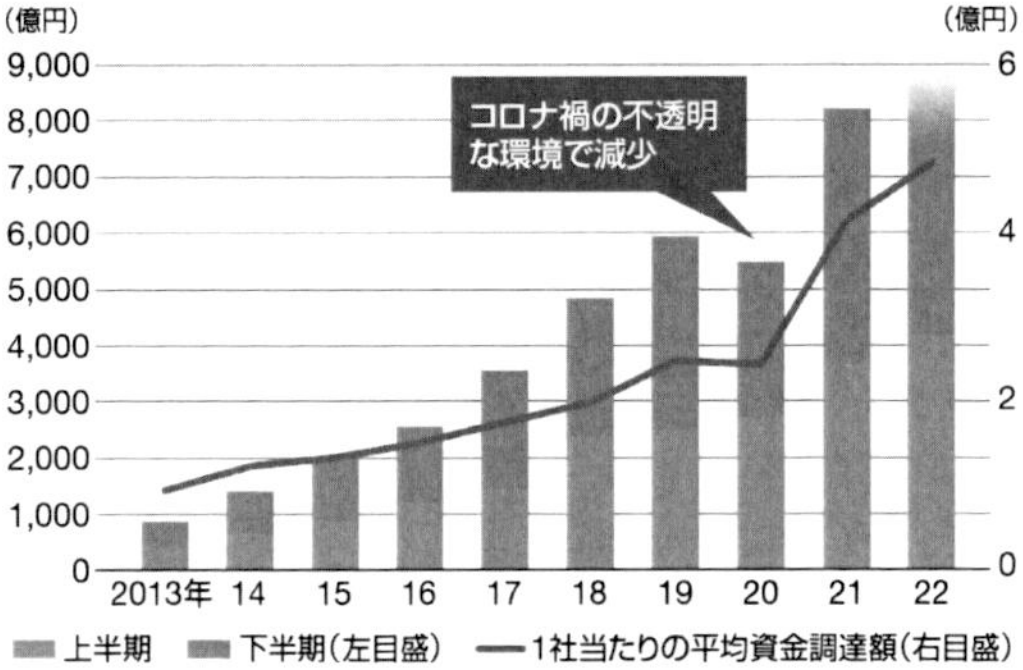

(注)2022年7月20日時点。各年の値は基準日時点までに観測されたものが対象
(出所)INITIAL

とはいえ、レイターステージ（株式上場が視野に入る段階）のベンチャーが対象のファンドを運営するシニフィアンの朝倉祐介氏は、「大型調達ほど時間がかかるため、2021年から検討し22年に入って完了したものもある。そもそも米国に比べ日本はレイターの比率が低いため、市況の変化がまだ反映されていない」と指摘する。

市況は不透明でも、強い企業はがっちり調達

2021年1～12月の資金調達額上位20社

順位	社名	事業内容	調達額（億円）	資金調達シリーズ
1	スマートニュース	ニュースアプリの開発	251.2	F
2	Mobility Technologies	タクシー配車アプリ「GO」	175.6	B
3	SmartHR	クラウド人事労務ソフト	156.5	D
4	Spiber	構造タンパク質素材の開発	143.9	D
5	アストロスケールHD	「宇宙ゴミ」の除去サービス	124.8	E
6	TBM	石灰石から作る新素材「LIMEX」	97.0	F
7	SODA	フリマアプリ「スニーカーダンク」	91.2	C
8	ネットスターズ	マルチQRコード決済サービス	82.7	E
9	Linc'well	クリニック向けIT化支援	82.0	C
10	ヘイ	EC構築・決済・予約の「STORES」	81.0	E
11	キャディ	製造業の受発注プラットフォーム	80.4	C
12	ビットバンク	暗号資産交換所の運営	75.0	C
13	アキュリスファーマ	神経・精神疾患の医薬品開発	67.5	A
14	ビットキー	スマートロックなどの開発	66.6	E
15	HIKKY	VRコンテンツの開発エンジン	65.1	A
16	INFORICH	スマホ充電器レンタル「ChargeSPOT」	62.9	B
17	atama plus	AIで個別最適化した学習ソフト	62.2	B
18	オリヅルセラピューティクス	iPS細胞由来の再生医療製品	62.0	A
19	ispace	月着陸船・月面探査車の開発	56.0	C
20	アトナープ	分析装置の開発・製造	54.4	D

（注）2022年1月25日時点。対象となる資金調達や企業、資金調達シリーズの定義はすべてINITIALの基準による
（出所）INITIAL

2022年上半期（1～6月）の資金調達額上位20社

順位	社名	事業内容	調達額（億円）	資金調達シリーズ
1	LegalForce	AI契約審査のSaaS	137.0	D
2	ティアフォー	自動運転のソフトウェア開発	121.7	C
3	Spiber	構造タンパク質素材の開発	105.1	D
4	AIメディカルサービス	内視鏡の画像診断支援AI	80.0	C
5	Rapyuta Robotics	ロボット向けのクラウドソフト	64.2	D
6	Synspective	衛星データ解析や小型衛星の開発	54.5	B
7	Kyash	ウォレットアプリの開発	52.9	D
8	UPSIDER	スタートアップ向け法人カード	52.6	D
9	jinjer	バックオフィスの効率化SaaS	51.3	A
10	SYNQA	アジアでのフィンテック事業展開	47.3	—
11	サイカ	データに基づく広告分析SaaS	45.2	F
12	自然電力	自然エネルギーの発電・売電	44.4	A
13	menu	フードデリバリーサービス	44.0	A
14	SUPER STUDIO	ECサイト構築や分析のSaaS	43.6	B
15	dotData	データ分析者向けAI自動化	40.4	—
16	Chordia Therapeutics	がん治療の低分子医薬品	40.0	C
17	アンドパッド	建設プロジェクト管理のSaaS	38.9	D
18	ルカ・サイエンス	「ミトコンドリア製剤」の開発	38.6	B
19	オルツ	文字起こしなどのAIサービス	35.2	D
20	CureApp	治療アプリの開発・販売	35.0	E

（注）2022年7月22日時点
（出所）INITIAL

上場目前の企業に打撃

一部では影響が出ている。ＡＩ契約審査ＳａａＳ（サース：Software as a Service）のリーガルフォースは、２０２２年６月に１３７億円の大型調達を行ったが、「２０２１年であれば評価額はもっと高くつけられたと思う」（角田望社長）と語る。

ＳａａＳを中心に、上場企業の時価総額や未上場企業の評価額は、これまで売上高倍率で３０倍程度という高い水準だった。だが現状は「２０倍、１５倍という水準まで下がっている」（コーラルキャピタルの澤山陽平・創業パートナー）。

上場を直前で取りやめた企業も出た。インフルエンサーや企業のマーケティング支援を手がけるエニーマインドグループや、チャットボットのジールスは既存投資家などからの調達に切り替えた。内視鏡ＡＩによるがん診断を手がけるＡＩメディカルサービスも８０億円を調達したが、関係者によれば当初は上場を目指していたという。

投資家側を見ると、２０２１年は海外勢の動きが目立った。日本での投資を始めたソフトバンク・ビジョン・ファンドや、上場株と未上場株の両方に投資する「クロスオーバーファンド」が押し寄せた。だが、「海外のクロスオーバーは21年末以降一気に引いた」と複数のファンドやベンチャー関係者が口をそろえる。

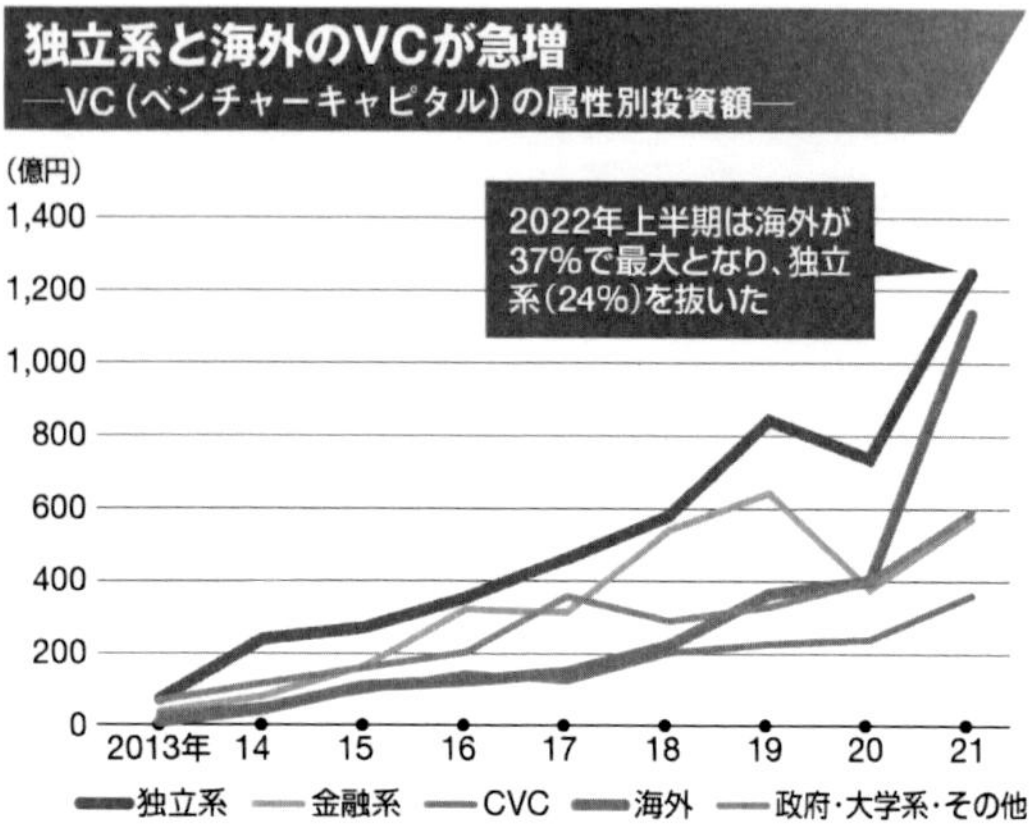

（注）2022年1月25日時点。「CVC」はコーポレート・ベンチャーキャピタルの略。吹き出し内の22年上半期データは速報ベースのため、10億円以上の資金調達にひもづくVC投資のみが対象
（出所）INITIAL

運用資金の多い海外勢はレイターへの投資を牽引してきたが、出し手が減れば調達できないベンチャーが続出する可能性がある。

香港を拠点とするクロスオーバーファンド、タイボーン・キャピタル・マネジメントで日本株投資責任者を務める持田昌幸氏は、「上場株が値下がりしている中、流動性の低い未上場株を高く買う理由は正直ない。ただ、高くても魅力的なベンチャーはあるので、投資は続ける」と話す。

さらに持田氏は、「レイターの投資家が減っている中、ベンチャーにとって資金調達は〝早い者勝ち〟。『評価額を下げたくないから、当面はコストを絞ってしのぐ』と思っても、競合が先に調達してしまうとその後の出し手がいなくなる。起業家のセンスが問われる段階になってきた」と指摘する。

別のある海外投資家は、「ＣＶＣ（コーポレート・ベンチャーキャピタル）など、金融収益ではなく事業のシナジーを重視する投資家が株主に多いと、株価が割高になったままだ。反面、米国では格安の会社がいくつも出ているので、無理して日本のベンチャーに投資する必要はない」と明かす。

現在日本のユニコーンは11社と、2021年から数は変わっていない。評価額1000億円以下では徐々に金額を伸ばす企業も少なくないが、ユニコーンがどこまで増えるかは未知数だ。

国内のユニコーン企業は増えるか
―未上場企業評価額上位20社―

順位	社名	事業内容	企業評価額（億円）	総調達額（億円）	資金調達シリーズ
1	Preferred Networks	深層学習技術の多分野展開	3,516.7	160.1	D
2	GVE	デジタル通貨プラットフォーム	2,245.3	18.6	D
3	スマートニュース 日本だけでなく米国でもアプリを急拡大している 	ニュースアプリの開発	2,039.1	442.9	F
4	SmartHR	クラウド人事労務ソフト	1,731.8	238.9	D
5	TRIPLE-1	暗号資産マイニング用半導体	1,641.3	39.6	D
6	クリーンプラネット	量子水素エネルギーの研究	1,457.6	19.4	C
7	Spiber	構造タンパク質素材の開発	1,457.4	603.3	D
8	TBM	石灰石から作る新素材「LIMEX」	1,337.0	234.1	F
9	リキッドグループ	暗号資産交換所の運営	1,193.8	13.1	C
10	Mobility Technologies	タクシー配車アプリ「GO」	1,169.2	470.9	B
11	HIROTSUバイオサイエンス	線虫を活用したがん検査	1,031.4	55.5	C
12	アストロスケールHD	宇宙ゴミの除去サービス	978.8	344.2	E
13	ヘイ	EC構築・決済・予約の「STORES」	922.4	222.8	E
14	ティアフォー	自動運転のソフトウェア開発	908.1	296.4	C
15	LegalForce	AI契約審査のSaaS	809.0	179.9	D
16	アンドパッド 米大手VCセコイアも出資 	建設プロジェクト管理のSaaS	786.0	112.9	D
17	ispace	月着陸船・月面探査車の開発	756.3	196.7	C
18	ビットキー	スマートロックなどの開発	719.5	149.5	E
19	スリーダムアライアンス	次世代電池技術の研究開発	703.0	96.7	B
20	ダイナミックマップ基盤	高精度3次元データの生成	685.3	271.9	C

（注）2022年7月22日時点。対象となる資金調達や企業、評価額の計算方法、資金調達シリーズの定義はすべてINITIALの基準による
（出所）INITIAL

レイターに達していない創業期のアーリーや成長期のミドルのステージは、「国内VCの層が厚くなっているので投資が止まることはない」（グロービス・キャピタル・パートナーズの高宮慎一代表パートナー）。とはいえ、ベンチャーを選別する動きが徐々に広がってきている。

勝ち組の選別が始まる

では、お金を集められる会社の条件とは何か。高宮氏は、「カネ余りの状態では成長が王様（Growth is king）だったが、金利が高くなれば現金が王様（Cash is king）だ。コストが売り上げに見合っているかという事業の採算性が大事。これから勝ち組の選別が厳しくなる」と指摘する。

「調達だけでなく事業環境を見極めることが重要」と話すのは、シード投資を行うANRIの佐俣アンリ代表パートナーだ。ここ数年増加したBtoBベンチャーは、同じベンチャーを顧客にすることが多い。「ベンチャーの潤沢な予算の恩恵を受けていた市場は成長が鈍化する。注視してほしいと投資先には伝えている」（佐俣氏）。

しかし、「ドライパウダー」と呼ばれる、ＶＣなどのファンドの運用額における未投資の金額は豊富だ。２０１９、２０年は新たなファンドの設立が活発だった。ファンドの投資期間は通常2～3年のため、しばらくは投資マネーの潤沢な状態が続きそうだ。

ファンド設立は勢いに陰りも
—スタートアップファンドの設立数と総額—

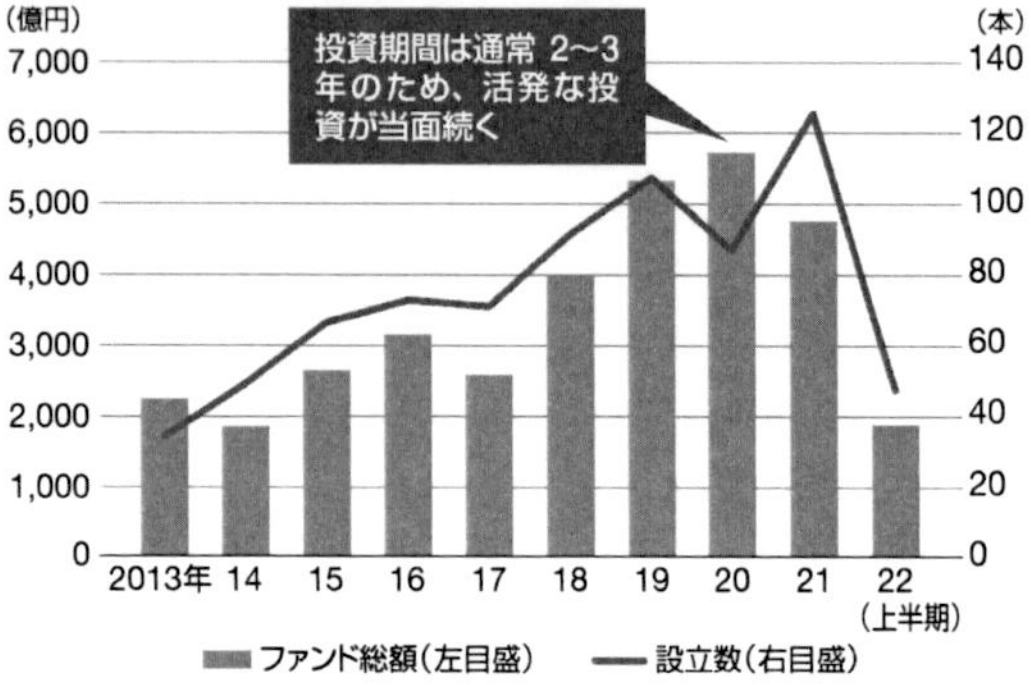

(注)2022年7月20日時点。ファンド数は金額不明のものも含む。国内スタートアップを中心に投資を行っている、または行う予定のファンドが集計対象
(出所)INITIAL

さらにＶＣに出資する機関投資家の裾野も広がる。中でも注目を集めるのが、国民の年金基金を運用するＧＰＩＦ（年金積立金管理運用独立行政法人）の動きだ。２０２２年３月末時点で約１９６兆円の運用資産を抱える世界最大の機関投資家で、ＶＣなどへのオルタナティブ投資を増やす姿勢を鮮明にする。

そんな中、２２年５月にＧＰＩＦが、運用を委託する三菱ＵＦＪ信託銀行を通して、前出のグロービスに出資したことが明らかになった。日本のＶＣへの投資はこれが初めてだ。「年内に複数のＶＣに出資する方向だと聞いている」（ＶＣ関係者）との声もある。

一方で短期的には不安要素もある。ＩＮＩＴＩＡＬによれば、２２年上半期のファンド設立総額は１８５６億円と２１年１年間の半分に満たない。前出のシニフィアンの朝倉氏は、「大規模なファンドサイズを狙おうとするほど、影響は大きくなる。海外の機関投資家は、上場株の下落でポートフォリオのバランスが崩れれば、それに合わせて未上場企業への資金を出し渋り始める」と話す。

新興上場企業の資金調達支援を行うグロース・キャピタルが未上場ベンチャーの役員約３００人に聞いた調査によれば、１年後の資金調達環境が「悪化する」「やや悪化する」と答えたのが約３７％、これを踏まえて成長戦略を修正する企業が６割弱に上った。

不安視する経営者が多数派
未上場スタートアップ役員約300人に
聞いた市場環境の見通し

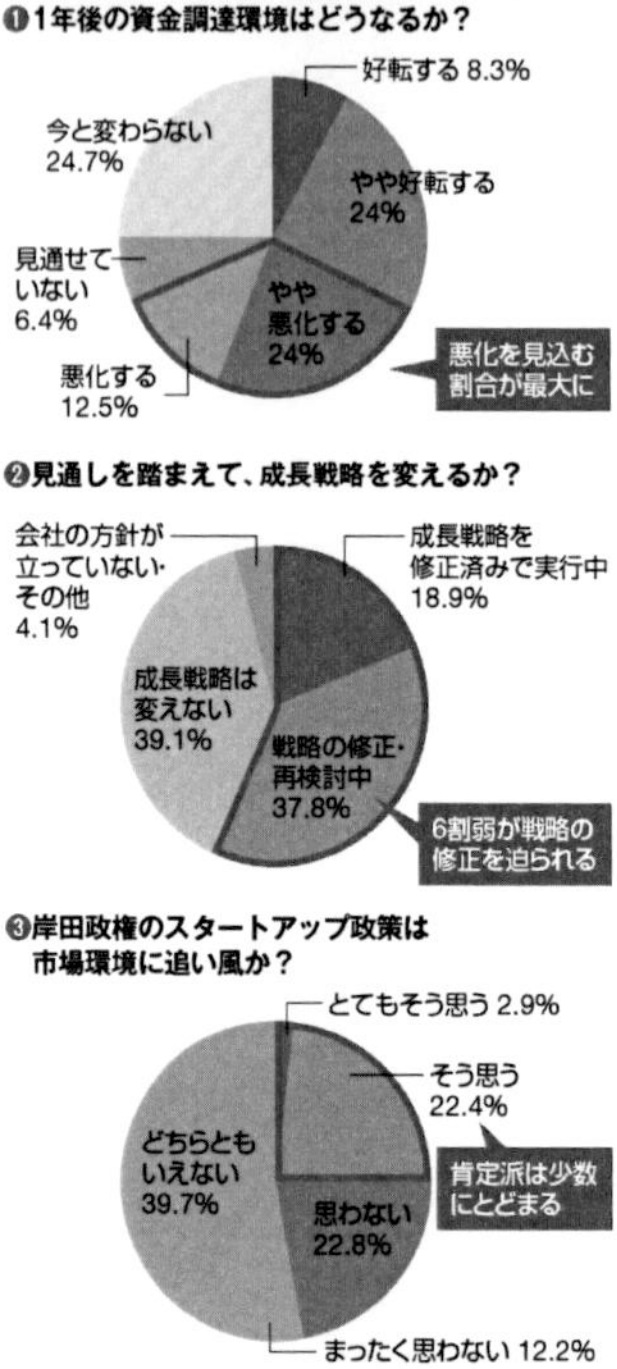

（注）未上場スタートアップ役員312人を対象に今年6〜7月に調査
（出所）グロース・キャピタル「市場環境の見通しと岸田政権の政策に関するスタートアップ役員意識調査」

こうした不透明な状況ではあるが、岸田文雄政権は2022年、スタートアップ支援政策を打ち出し、「スタートアップ創出元年」をうたう。政府調達や政府系ファンドによる投資の促進、金融機関が創業者に個人保証を求めない制度の導入など、項目は幅広い。8月にはスタートアップ担当相を任命し、年末には「スタートアップ育成5カ年計画」をまとめる見通しだ。

先述の調査で政策が市場環境に追い風となるかを聞いたところ、肯定派はわずか2割強にとどまった。「政策として重視されているのはポジティブだが、どうしても投資や補助金の話になりがち」といった声も少なくない。

投資マネーばかり増えても、起業家が増えなければ、ただのバブルで終わる。大企業に眠る人材の発掘や、大学の研究成果の事業化など、裾野を広げる動きはある。逆風の中でも地道にエコシステムをつくらなければ、米国や中国の背中は遠いままだ。

（中川雅博）

次章からは、前編として注目すべきベンチャー52社（前・後編あわせて100社）

を紹介していく。

各社の企業データで、【資本金】は資本準備金を含む。原則2022年8月末時点の数字で万円未満切り捨て。【社員数】は役員を含む正社員の数。ただし兼業社員や業務委託等が含まれる場合がある。

【Web3】

GAFAMの「次」を打ち立てられるか

メタバースやNFT（非代替性トークン）の波に乗り、多くのベンチャーが躍動。

ガウディ（Gaudiy）

【設立】2018年5月【資本金】27億5495万円【社員数】36人

ファンの熱量高める場を構築　IP企業にデータを取り戻す

IP（キャラクターなどの知的財産）ごとに独自のファンコミュニティを立ち上げられるプラットフォーム「ガウディ ファンリンク（Gaudiy Fanlink）」を提供する。NFTなどのブロックチェーン技術を活用しながら、ファンの熱量を高める場を構築。

ソニーミュージックグループや集英社、サンリオなど、国内有数のＩＰ企業を顧客に持つ。

日本最大級のアイドルフェス「東京アイドルフェスティバル」のコミュニティでは、オンライン視聴が可能なＮＦＴチケットを販売する。当日に実施したサイン企画には、視聴できた人だけがアイドルのＮＦＴサインを受け取れる演出を施した。「オンラインでもライブ感のある特別な体験をつくるのが大事だ。リアルで開催するには会場などの管理が大変だが、（オンラインで）ＮＦＴを使う形だとやりやすい」（石川裕也代表）。

利用企業にはファンの行動や購買に関するデータを分析できる機能も提供。ファンの熱量を〝数値化〟し、それに応じた還元を行うことも可能だ。ＩＰ企業の場合、これまではアプリストア、動画・音楽配信サービスなどプラットフォーマー側にしかデータが蓄積されず、マーケティングに生かせなかった。

同社が解決したいのはまさにこうした課題だ。２２年8月までにＶＣやＩＰ企業から３４億円を調達。海外案件の開拓も進め、Ｗｅｂ3業界最速でのユニコーン到達を目指す。

ダブルジャンプトーキョー（double jump.tokyo）

【設立】2018年4月【資本金】資本金12億5461万円

ブロックチェーンゲーム開発　大手ゲーム会社と相次ぎ協業

ＮＦＴの仕組みを用いてアイテムを売買したり、ゲーム内の対戦で勝つと独自のトークンがもらえたりする「ブロックチェーンゲーム」。遊ぶだけのプレーヤーだけでなく、ＮＦＴを買い集めるコレクターや、値上がりを期待する投資家層も加わり、新たな産業として期待される。

その開発で日本の先頭を走るのがダブルジャンプトーキョーだ。中でもマルチオンラインＲＰＧ『マイクリプトヒーローズ』は、累計1万5000イーサ（現在のレートで約32億円）を売り上げ、19年、20年初頭はイーサリアム上で世界一のゲームになった。

創業者の上野広伸ＣＥＯはもともとモバイルゲームの開発を行っていたが、競争環境が激化し、閉塞感を覚えていた。そんなとき、「ＮＦＴを使ったゲームなら世界と勝負できる」と考えた。

今後は、自社コンテンツはコアな層をターゲットにし、大衆向けでは大手ゲーム会社と組む計画だ。「自分たちはブロックチェーンゲームなら作るのが得意だが、ゲームそのものを作るのは得意ではない。だからこの（２つの）戦略になる」（上野氏）。セガサミーＨＤやバンダイナムコグループなども出資し、スクウェア・エニックスとはＮＦＴコンテンツで協業を行う。暗号資産の会計処理など超えるべきハードルはあるが、まずはブロックチェーンゲームの普及を目指す。

シナモン（Synamon）

【設立】２０１６年８月【資本金】６９１４万円【社員数】１９人

企業のメタバース構築を支援　導入側で臨機応変に調整可能

VR、AR関連の受託開発で成長してきたシナモンが新機軸を打ち出した。メタバース構築プラットフォーム「SYNMN（シナモン）」だ。最大100人が集えるイベント空間に加え、少人数の買い物などリッチな体験を提供できる空間も用意。これまではVRデバイス向けの開発が軸だったが、スマホやPCからもアクセスできるようにした。

企業側のニーズが高まるNFT関連にも対応。マーケットプレースと連携し特別な画像やアバターを展示したり、特定のNFT保有者のみ入場できる部屋を設けたりできる機能も準備する。

メタバースのプラットフォームは、大手からベンチャーのものまですでに複数ある。その中で差別化要素とするのが、「中長期で運用したい法人向けの機能開発を重視している点」（武樋恒代表）だ。導入企業向けに管理画面を用意し、キャンペーンなどの設定を自ら臨機応変に行えるようにしている。

顧客企業の意向をくみ取りながら開発から運用まですべて請け負う事業者は多いが、「それでは一度やってみようという段階から発展しにくい。こちらでサポートしつつも、収益化に向け導入企業側で機能を調整したり、試行錯誤したりすることが継続利用につながる」（武樋氏）。

想像を形にできるVRの可能性に魅了された武樋氏。かつては所属する企業などで事業提案しても、「聞き手の頭の上には『?』が浮かんでおり、実現には起業しかないと思った」。大波が到来した今、確かな手応えを感じている。

ジーユーテクノロジーズ（G・U・テクノロジーズ）

【設立】2020年10月【資本金】3億6100万円【社員数】40人（連続起業家）

独自運営のブロックチェーン　参加者限定で安全な取引実現

AIやIoTと並び、デジタル化に伴う市場の拡大が期待されるブロックチェーン。そのブロックチェーンを「Japan Open Chain」というサービス名称で日本企業向けに提供しているのが、G・U・テクノロジーズだ。

ベースとなるのは、「イーサリアム」と呼ばれる通信規格。契約が自動執行される「スマートコントラクト」という機能を備えており、利用企業はそのブロックチェーン上で、NFTの売買や金融商品の登録などを行うことができる。同社はそこから月額利用料金などを徴収する。

提供するのは1社だけではない。ソニーグループ傘下のコーギアや電通、みんなの銀行など、複数の日本企業がJapan Open Chainの運営に参画。「運営方法をパーミッション（許可）型にすることで、誰でも関与できる方式のものより、法律面などで安全性が保てる」（共同代表の稲葉大明氏）という。

2022年3月には、プレシリーズAとしてCoral Capitalと自然キャピタルのVC2社から、総額2・6億円の資金を調達。ブロックチェーンの参加者を募ると同時に、サービスの本格普及を狙っていく。

マイクロバース（microverse）

【設立】2022年11月【資本金】50万円【社員数】10人

NFT化でデータに価値を　誰でも簡単にNFTを取得

NFTコンテンツ作成の支援などを行う。アーティスト「ずっと真夜中でいいのに。」のライブでは来場者に記念NFTを配布。また、NFT販売サービス「ステラ（Stella）」では、ユーザー、クライアントともに通常なら取引に必要なウォレットや暗号資産なしでNFTの売買ができ、誰でも手軽にNFTを所有可能だ。

渋谷啓太代表は、ブロックチェーンを勉強する中で、NFTと日本が強い漫画やアニメなどIP（知的財産）を掛け合わせれば、世界で戦える産業になると考えた。

22年秋ごろから本格的に開始するのがNFTによる新規IP制作への支援だ。そのプロセスはこうだ。まずキャラクターのNFTを販売。販売益でコンテンツを制作する。加えて、NFTコミュニティで途中経過も報告し、制作段階からファンとともにIPを生み出していく。ステラでは既存のIPコンテンツに加え、新規IPコンテンツのNFT化を一貫して行えるサービスを提供する。

「NFTによってIPのつくり方が大きく変わる。アニメなどの製作委員会がつくるトップダウン式から、ボトムアップ式になる」（渋谷氏）。NFT文化普及の先に狙うのは株式上場だ。

ナナメウエ

【設立】２０１３年5月【資本金】1億円【社員数】３２人

モバイルアプリなどの開発　気軽な匿名SNSが人気

匿名ソーシャルサービス「Ｙａｙ！（イェイ）」を展開する。既存のＳＮＳでインフルエンサーを中心とした「メディア化」が進む中、誰もが気軽に楽しめるコミュニティを形成。ゲーム、スポーツなどおのおの趣味によってつくられたサークル数は現在５万８０００以上、登録者は５５０万人を突破している。

代表の石濱嵩博氏は大学在学中に起業。数々のＳＮＳを立ち上げた後、「イェイ」をリリースした。

次のステップとして商機を見いだしたのが「トークン」の発行だ。8月にはビットフライヤーと暗号資産を用いた新たな資金調達手段・ＩＥＯの契約を結んだ。

コミュニティ管理におけるトークンの効果は大きい。トークン獲得を目的としたユーザーの流入はもちろん、サービスに悪影響があるとそのトークンの価値が下がってしまうため、保有ユーザーのよりよい行動を自発的に促せる。

「僕たちがつくりたいのは、誰もが気軽に参加できるWeb3時代のコミュニティ。トークン発行で新たな経済圏を生み出し、自律したコミュニティを設計する」と石濱氏は意気込む。

新時代のSNSがどこまで広がるかに注目だ。

オアシス（Oasys）

【設立】2022年2月【社員数】10人

「パブリックチェーン」の開発　ゲームに特化し高速化目指す

ゲーム特化型の新たなブロックチェーンの開発を進めている。プロジェクトの初期バリデータ（ブロックチェーン上の取引検証者）には、バンダイナムコ研究所、セガ、グリー、仏ユービーアイソフトなど国内外のゲーム企業が参画する。

従来のブロックチェーンは、処理速度が遅く、取引手数料も高額になるため、大量の処理をするゲームには不向きだった。そこで処理レイヤーを2層構造にし、処理と結果を出すサマリーとを分けることで速さを実現した。さらに無料にすることでゲームユーザーの裾野を広げる計画だ。

発足のきっかけは、ＤＪＴ（double jump.tokyo）のメンバーたちが、ゲームの開発・運営過程での負担感を抱いたこと。速く、誰でも手軽に扱える「パブリックチェーン」をつくれないかと試行錯誤を続け、２１年秋に技術的なメドが立ったことから、会社を立ち上げた。「ゲームブロックチェーンとして世界一の存在を目指す」（松原亮代表）。

シンガポールに拠点を置き、独立した企業として活動しているが、あくまでも「プロジェクト」という位置づけ。開発技術を確立したうえで、6年後には解散（分散化）し、公共財になることを目指している。

（武山隼大、長瀧菜摘、二階堂遼馬、武山隼大）

ESGをビジネスチャンスに！

排出ガスの可視化などESG（環境・社会・企業統治）をビジネスチャンスと捉えるベンチャーが増えている。

アスエネ

【設立】2019年10月【資本金】資本金19億8250万円【社員数】60人

排出量把握の負担を軽減　対策の提案まで一元提供

独自開発のAIを活用してCO2排出量を可視化する法人向けクラウドサービス「アスゼロ」を提供。電気料金の請求書やガソリン代のレシートなどをスキャンするだけで排出量の算定・報告を自動化できる。

その簡便さが評価され、アスゼロの売上高は「毎月2・5倍のペースで拡大している」（西和田浩平CEO）。

気候変動に関する情報開示で事実上の国際標準となっている国際非営利組織CDPの基準や日本の省エネ法などに対応した報告も容易にしている。加えて顧客企業には、CDPが求める開示レベルに到達するためのアドバイスも行う。

さらには排出量を減らすための省エネ・再エネ導入、カーボンオフセットの提案も手がける。「脱炭素の対策をワンストップで行えるのが他社にない強み」（西和田氏）。

これまでに3度行った資金調達の累計額は20億円弱。日本のVCのほか、シンガポール政府が100％出資するパビリオンキャピタルからも資金を獲得。人材獲得やマーケティングの費用に振り向ける。

ゼロボード

【設立】2021年8月【資本金】資本金約1億6000万円【社員数】63人

CO2可視化で「標準」狙う「スコープ3」の把握も簡便に

CO2など温室効果ガスの排出量算定・報告用クラウドサービス「ゼロボード（zeroboard）」を開発。2022年1月に発売し、1800社を超える企業が有償で利用する。顧客開拓や地域での啓発活動で提携する企業・自治体は65社・機関（8月12日時点）に達し、三菱UFJ銀行、三菱商事、住友商事、関西電力などの大手企業が名を連ねる。

強みは、原材料の調達元や製品の納入先など、自社でのエネルギー使用以外の場面におけるCO2排出量（スコープ3）を比較的簡易な仕組みで算定・把握できることにある。7月には製品やサービス別にCO2排出量を算定できる新機能を組み込んだ。これにより、「プロダクト・カーボンフットプリント」と呼ばれる、製造から製品の使用、廃棄にわたるライフサイクル全体でのCO2排出量を、個々の製品についてより正確に可視化できるようにした。

当面の目標は利用企業を年末までに5000社に拡大させること。渡慶次（とけいじ）道隆代表は「国内で事実上の標準を目指す」と意気込む。タイなどアジアへの進出の構想も打ち出した。

ブーストテクノロジーズ（booost technologies）

【設立】2015年4月【資本金】資本金14億6065万円【社員数】56人

CO2排出量集計を効率化　将来は海外展開も視野

大企業向けにCO2など温室効果ガス排出量の可視化や各種リポートを自動作成するクラウドサービス「エナジー　エックス　グリーン（ENERGY X GREEN）」を展開する。

企業にCO2排出量の開示や削減が求められている。しかし、その入力・集計作業は煩雑で、対象もサプライチェーンなど「スコープ3」にまで及び膨大だ。それらの作業を効率化し、排出量の可視化や、脱炭素化計画の作成などを行える管理システムを構築。国際基準に対応した各種リポートを自動的に作成することができる。

創業者の青井宏憲社長はコンサル会社を経て、2015年に同社を設立。当初は新電力事業者向けの脱炭素化支援などを展開していたが、2021年10月に現クラウドサービスを本格的に始動させた。すでに2万拠点が導入、22年5月にはイオン、6月にはZホールディングスなど大手企業の利用も始まった。

「脱炭素化は世界共通の課題。上場企業への採用を目指すと同時に、海外展開も視野に入れている」（青井氏）

シェアリングエネルギー

【設立】2018年1月【資本金】資本金40億2925万円【社員数】45人（連続起業家）

太陽光を初期費用無料で　設置義務化機運も追い風に

新築戸建てなどに設置・メンテナンス費用ともに無料で太陽光発電を設置し、安価で電気を利用してもらう「シェアでんき」を展開する。

設置費用は同社負担だが、2015年の契約期間中の利用料金と、余剰電力の売電収入が収益源となる。16年目以降は、利用者が設備一式を無償で譲り受けることもできる。

2018年の創業以来の契約依頼件数は、約7000件。提携住宅ビルダーも900社を突破した。福岡県の吉富町、田川市とは包括連携協定を締結。域内にシェアでんきを設置する取り組みも行う。「エネルギーの自家消費・地産地消を促進し、分散型エネルギーシステムに変革するのがミッション」と上村一行社長。

メガバンクを含む金融機関やVC、企業から累計80億円超の資金を調達。「銀行は（事業に対して融資を行う）プロジェクトファイナンス形式で事業に関わっている。今後は全国の地銀とも提携する」（上村氏）。

政府や自治体が、新築戸建て住宅への太陽光発電の設置義務化を検討しており、ユーザーの初期投資が不要なこのサービスに注目が集まる。早期の10万棟の設置が目標だ。

テンサーエナジー（Tensor Energy）

【設立】2021年11月【資本金】資本金7000万円【社員数】6人

再エネの収支を一括管理　制度変更でも投資判断を容易に

再エネ発電業界が変革期を迎えている。従来は固定価格で電力会社が買い取る制度が採用されてきたが、2022年4月からは、制度が変更され市場取引が可能になっている。その結果、取引価格が変動するようになり、太陽光発電を中心とした再エネ発電事業者は、収支管理や投資判断が難しくなった。

こうした悩みを解決するのが、テンサーエナジーが提供する収支管理プラットフォームだ。発電所の場所などを基に、発電量や運転コストのシミュレーションを行い、投資判断を容易にする。複数箇所に散らばっている発電所でも一元管理できるのが特徴だ。

22年11月には、新たなサービスをリリース予定。長期の収支予測に加え、リアルタイムの売買で収益を最大化するための予測も可能となる。今までは固定価格買い取り制でトレーディングの必要がなく、「再エネの売買をできる人はほとんどいない」（堀ナナ共同代表）とみている。

転換点を迎えた再エネ業界で、「電力の世界のデジタルインフラ」になりたいと堀氏。テンサーエナジーのサービスが再エネ推進の一助となることは間違いない。

サステナクラフト（sustainacraft）

【設立】２０２１年１０月【資本金】資本金１億２５０２万円【社員数】１６人

脱炭素活動を適正評価　独自の統計手法で透明性確保

「カーボンニュートラル」の切り札として注目を集めているのがカーボンクレジットだ。環境保全活動などを通じて、温室効果ガスを削減した分が企業へクレジットとして発行される。このクレジットは企業間で取引もでき、購入すれば事業活動で排出した温室効果ガスを相殺できる。日本では、日本航空やＡＮＡホールディングスなどが購入を表明している。

サステナクラフトは、企業の植林などを通じた温室効果ガス削減活動を対象にその活動に適正なクレジットが与えられたかを評価する事業を展開する。

カーボンクレジットの問題点の1つが透明性の欠如だ。クレジット発行の算定基準は不明確で削減量よりはるかに多く発行している場合もある。

同社は、クレジットの透明性を高めるために、土壌などさまざまな条件の違いを統計処理する独自の方法で一定の基準を作り、効果を検証する。また、衛星画像を用いて森林を分析することで、広大な範囲を低コストで評価できる。

2050年が近づくにつれ、カーボンクレジット取引量は増加していく。同社の取り組みを広げることで、「自然資本に資金を健全に循環させる」と末次浩詩代表は意気込む。

シェルパ・アンド・カンパニー

【設立】2019年9月【資本金】資本金6499万円【社員数】5人

ESG経営をクラウドで支援　効率化と改善提案を一気通貫

ＥＳＧ・非財務情報開示に取り組む企業向けに、情報収集・開示プロセスを効率化するクラウドサービス「Ｓｍａｒｔ（スマート）ＥＳＧ」を提供する。２０２２年１１月に正式版を開始したばかりだが、すでに東証プライム市場に上場する企業を中心に、数十社から問い合わせが来ているという。

ＥＳＧ領域では評価・格付け会社が全世界に3桁以上あるといわれる。担当者は年間数百件のアンケート調査への対応に追われ、しかも回答に必要な情報は各事業、人事など多部署に点在。異動によって数値データの算出基準がわからなくなることもよくある。

スマートＥＳＧはこれらを一元管理できるほか、機械学習による格付けの要因分析なども可能。今後も具体的な改善につながる機能を拡充し、月額課金の単価向上を図る。

企業への開示要請の高まりを受け、近接領域も含め競合は増えている。コンサルなどの超大手も類似案件を手がけるが、「費用は当社が圧倒的に安い」（杉本淳ＣＥＯ）。

導入側のニーズが刻々と変わるのもＥＳＧ領域の特徴。ベンチャーの機動力を見せられるか。

ウォータ（WOTA）

【設立】２０１４年１０月【資本金】１億円【社員数】６０人

（大学発）小型水処理プラントを販売　目指すは水問題解決の請負人

過疎化の一方で老朽水道設備の維持に悩む自治体、水不足に苦しむ海外諸国。水問題は喫緊の課題だ。

東京大学の大学院生らが２０１４年に立ち上げたウォータは、水処理自律制御や水循環システムの開発に取り組み、１９年に小型の水再生処理プラント「WOTA BOX」の販売にこぎ着けた。

独自のセンサーとＡＩを組み合わせ、水質に応じて薬品濃度などを自律的に調整する。浄水場のベテラン職員のノウハウを詰め込んだ製品で、排水の９８％を再利用できる。市場は自治体をはじめ、オフィスやレジャー施設などにも広がる。水道要らずの手洗いスタンド「WOSH」も、コロナ禍で大ヒットした。

前田瑶介CEOは、「技術は手段にすぎない。目的はあくまで水問題の解決。そのためには何でもやる」と語る。

微生物に有機物を分解させる生物処理を追加した水処理の実証に長野県軽井沢町で成功。「日本の一般住宅で分散型水循環が可能になり、中山間地域で老朽配管が不要になる。上下水道事業の財政を大きく改善できる」(前田氏)。

市場は国内にとどまらない。22年3月には中米の島嶼(とうしょ)国で水問題解決支援を行うことになった。「水問題解決の請負人」は、世界に視野を広げている。

(岡田広行、ライター：大正谷成晴、星出遼平、長瀧菜摘、森 創一郎)

【ＤＸ】

多様なソリューションが誕生

業務効率化に欠かせないＤＸ、ベンチャーならではの自由な発想で多様なソリューションが誕生している。

ハコモノ（hacomono）

【設立】２０１３年７月【資本金】資本金１億円【社員数】１２５人

サブスク店の予約・決済管理　フィットネスのＤＸで健康に

会員制施設の予約から決済までをオンライン上で完結できるサービスで注目を集める。同サービスではリアル店舗における顔認証での入退館管理から顧客データの分析など経営のさまざまな業務を一括で行うことができる。

契約している店舗・施設は1700以上。解約が限りなく少ないのも特徴だ。取引先としてはフィットネスクラブがメインだが、ダンススクールやインドアゴルフなど多様な施設との契約も増えている。サービス導入で、フロント業務が必要なくなり、無人営業に変更した会社も多いという。

蓮田健一代表によれば、「競合プロダクトに対する優位性は圧倒的な操作性のよさだ」。

日本は人口に対するフィットネスクラブへの加入率が低い。「フィットネスは病気にならないための予防として社会的意義は大きい」(蓮田氏)。リアル店舗では顧客の心拍数などバイタルデータも集められる。それらのデータを生かし、今後はヘルスケアなどにも事業を拡大していく。

プライシングスタジオ

【設立】２０１９年６月【資本金】１億３０３０万円【社員数】１２人

戦略的プライシングの実行支援　価格の最適化で収益増に導く

「価格決定」は、商品やサービスの収益を左右する重要な要素だ。しかしながら、外部環境や経験を頼りにアバウトに決めている企業が少なくない。この問題を商機と捉え、膨大なデータと統計分析を駆使して企業の戦略的なプライシングを支援する。

「価格を１％上げることで企業の営業利益が２３・２％上昇する」。マッキンゼー調査のそのインパクトに胸躍り、慶応大学ＳＦＣの在籍時に起業した高橋嘉尋（よしひろ）ＣＥＯ。メインのプライシングＳａａＳ「Pricing Sprint」は、利用者数や売り上げなどの数値が、価格変更の前後でどのように変化するかを可視化できる。属性ごと、離脱層の把握も可能だ。

体系化された価格分析を自動化することで、再現性の実現だけでなく自社の作業の省力化にも寄与している。

導入企業は約50社。ＳａａＳ企業の価格決定などに使われるケースが多いが、今後はメーカーに注力する考えだ。

モブ（mov）

【設立】2015年9月【資本金】10億8579万円【社員数】44人（連続起業家）

AI活用による店舗支援ＳａａＳ　口コミを売り上げUPに直結

ぐるなびやグーグルマップなどで表示する店舗情報を一括管理できる、店舗支援ＳａａＳ「口コミコム」を運営する。

口コミサイトは集客には欠かせないが、情報更新をサイトごとに行わなければならず、多数の店を抱えるチェーンにとっては手間になる。これを解消し、業務効率化を図る。

さらに、各サイトの口コミを横断収集してＡＩが分析。「オペレーションが強い」「競合よりメニューが少ない」など店舗の強みと弱みを可視化する機能も売りだ。「口コミを正しく使って、売り上げを正しく伸ばす」（渡邊誠代表）。すでにすかいらーく、ピザハットなど大手チェーンが導入している。

渡邊氏は複数のオンラインサービス運営を経て、インバウンド向けメディア「訪日ラボ」を立ち上げた。その際、ホテルから集客コンサル業務を受注。口コミを分析し施策を打ったところ集客増につながったことから口コミコムを着想。コロナ禍でインバウンド需要が減少したこともあり、同サービスに軸足を置く。

「店舗経営をするすべての人に第一想起されるDXサービスにしたい。やがて復活するインバウンド領域でも改めて展開したい」と意気込む。

ログラス

【設立】2019年5月【資本金】2750万円【社員数】45人

CFO向け経営管理クラウド　経営DXで日本復興を目指す

予算策定などの経営管理はCFOや経営企画部の大事な仕事だ。一方でボトルネックでもある。社内各部署の数字をエクセルに入力させ、手で集計、分析するのが定番のため、ミスが起こりやすく、時間もかかる。

この業務を効率化するクラウドサービスが「ログラス（Loglass）」だ。各部署がエクセルなどの表計算ソフトに数字を入れるのは変わらないが、ワンクリックでクラウド上に統合。一元化されてダッシュボード上に図表と共にわかりやすく、かつ美しく示される。「一連の業務が3分の1に削減できる」（布川友也CEO）。

海外勢などの競合も多いが、強みは日本企業に寄り添った機能や操作性だ。手元の表計算ソフトをそのまま使えるのはそのため。日本人は慣れ親しんだソフトから乗り換える手間を嫌うからだ。各部署がデータ更新したとき、どの数字が変わったか明確に表示されるのも特長だ。

前職で上場企業の経営企画部にいた布川氏のリアルな経験と柔軟な発想が生きた。すでにKDDIやミクシィなどの企業が導入。「6年後に売上高100億円、導入2000社を目指す」（布川氏）。

テイラー

【設立】２０２１年７月【資本金】５億７０００万円【社員数】１０人（連続起業家）

ERPシステム構築の効率化　SI大手をしのぐ存在を目指す

大企業の業務基幹システム（ERP）を、個別にテーラーメイドし、短期間で内製化できるようにしたバックエンド基盤「テイラープラットフォーム」を提供する。最先端のAPI用クエリ言語・グラフ キューエル（GraphQL）や業務アプリ共通部品の提供などにより、開発コストを低減。システムのブラックボックス化を防ぎ、顧客企業による開発の内製化を支援する。

連続起業家の柴田陽氏と、メルカリの研究開発組織「mercari R4D」の責任者を務めた高橋三徳氏が立ち上げた。柴田氏は、「スマポ」などで知られるスポットライト（現・楽天ペイメント）の創業者で、高橋氏もCTOとして携わっていた。１３年に同社を楽天に売却して以来のタッグとなる。「前回のエグジット以降、フルスイングで挑戦できるビジネスにようやく巡り合った。腰を据えて取り組む」（柴田氏）。

現在は試験運用中で、2023年以降に本格的なサービスを始める。「大企業を対象にセールスを始めたい」（柴田氏）。

2022年6月には、ドロップボックスなども選ばれた米国の名門アクセラレーター「Yコンビネーター（Y Combinator）」に日本に拠点を構える企業としては15年ぶりに採択され、話題になった。

アテナ（atena）

【設立】2020年6月【資本金】2億3000万円【社員数】10人

紙の郵便物をクラウド保管　リモートワークの足かせ解消

リモートワークの普及に伴い課題になったのが、郵便物の取り扱い。オフィスに届く郵便物の仕分けや受け取りで社員が定期的に出社しなければならず、リモートワークの足かせとなっていた。その郵便物を企業に代わって受け取り、デジタル化するサービスがアテナだ。回収された郵便物はその日のうちにクラウド上に保管され、自動通知される。ユーザーから依頼があれば、中身の書類のスキャンにも対応。それもワンクリックで済む。

操作画面はWebメールと同じで、「確認済み」「不要」などのフラグ管理機能や過去の郵便物の検索機能も備え、企業のDXにも役立っている。料金も月額1万円からとリーズナブルだ。

2020年5月のサービス開始後、導入企業は約150社にまで増加。2度の資金調達を行いながら成長を遂げてきた。数年後のIPOを見据え、今は黒字化に向けたさらなるサービス向上に取り組む。「AIやOCRを活用した自動入力など、改善の余地はまだある」（白髭直樹代表）。

（髙岡健太、ライター：百瀬康司、箱田高樹、大正谷成晴、堀尾大悟）

【スポーツ】

プロチーム経営や学校教育へ

趣味やエンタメの楽しみを広げるだけでなく、プロチーム経営や学校教育に役立つ。多彩な企業が躍動する。

ノーウェア（Knowhere）

【設立】2020年9月【資本金】8000万円【社員数】10人

データで選手の技術向上支援　「ハンカチ王子」も株主に

東京メトロ銀座線の外苑前駅を出て徒歩30秒。国内初となる野球に特化した24時間利用可能なジムを運営するのがノーウェアだ。

単なるジムの運営会社かと思えばそうではない。1台約70万円するトラッキングシステム「ラプソード」を6台そろえ、投球や打撃に関するデータを収集する。「ジムはあくまでデータを蓄積するための場所。それを生かしたアプリを開発し、プレーヤーの技術向上を支援したい」と伊藤久史代表は言う。

伊藤氏の前職は、将棋AIなどを開発するヒーローズ（HEROZ）。そこでビジネス開発の責任者を務め、「AIが自分の好きなスポーツの分野にも応用できると思った」（伊藤氏）ことが起業のきっかけだ。

2022年6月には「ハンカチ王子」として有名な斎藤佑樹氏を引受先に含む、1億円の第三者割当増資を実施。23年夏までのサービス開始に向け、まずはエンジニアの採用を急ぐ。当面は野球に特化するが、「その先は幅広いスポーツに展開したい。米国市場も積極的に狙っていく」（同）と言う。

ジャングルX（ジャングル）

【設立】2016年7月【資本金】4億3610万円（連続起業家）

スポーツファンのための賭博　プレーを対象にベッティング

スポーツの試合を対象にした賭博、スポーツベッティングの中でも「インプレーベッティング」を専業に海外で展開しているのがジャングルだ。インプレーとは試合の結果に賭けるのではなく、試合中の一つひとつのプレーにベッティングすること。

同社は、ベッティングの本場英国においてアジアで唯一スポーツベッティングの免許を取得している。動画をダイジェスト版で視聴するユーザーが増える中、短時間でも楽しめるベッティングに需要を見いだした。日本ではネガティブなイメージを持たれるベッティングだが、その資金循環性の高さからスポーツ界への還元効果は大きい。

創業者の直江文忠氏は葬儀会社などを起業してきた連続起業家。ベッティングサービスを始めた経緯について「この業界は中毒性がある。その武器を社会還元に向ければ大きな変革になる」と話す。

ギャンブラーではなくスポーツファン層が楽しめるオリジナルのベッティングシステム構築を方針とし、今後は米国など英国以外の国でも免許獲得を目指す。日本での合法化も働きかけながら、「300兆円規模の市場でその7、8割を取りにいく」（直江氏）と人生を懸ける構えだ。

ドリームストック（Dreamstock）

【設立】2017年7月【資本金】4億7600万円【社員数】25人

サッカー選手への道を平等に　本場のプロ選手も多数登録

サッカー選手とサッカークラブをつなぐマッチングプラットフォームを提供するのがドリームストックだ。

プロクラブ経営に必要な若手の発掘、選考をオンラインで行うことができ、現在サントスFCなどブラジル1部リーグの4割が利用している。

選手はプレー動画を投稿するだけ。どこからでも選考に参加できるほか、同社が動画を厳選するためクラブ側は求める人材を見つけやすくなる。またプロ選手とクラブとのマッチングも行い、現在ブラジル1部のプロ選手の6割が登録しているほか、ヴィッセル神戸など50カ国以上のクラブで利用されている。

2017年にスマホが普及したのを後押しに、代表の松永マルセロハルオ氏は「IT×サッカー」で起業するという夢を実現。ブラジルを拠点に事業を開始した。

今はブラジルが事業の中心だが、今後はほかの国の選手などへも対象を広げたいという。「目標はFIFAにサービスを認めてもらうこと。世界中の選手とクラブに使ってもらえる状態にしていきたい」（松永氏）。人気スポーツのハブになることができるか注目だ。

スプライザ（SPLYZA）

【設立】2011年5月【資本金】1億円【社員数】28人

スポーツを通じて分析力向上　全国800チームで導入

スポーツ競技の分析ツールを提供するのがスプライザだ。主力サービス「スプライザチームズ」は、アマチュアスポーツ・学校の部活動を中心に、サッカーや野球など20の団体スポーツ、800チームで利用されている。陸上競技など個人競技にはA

Ｉ動作分析アプリ「スプライザモーション」も提供する。

プロスポーツ指導者向けの分析ツールとは異なり、選手自らがプレーを分析し、考えるツールであることが特長だ。正解のないスポーツという分野を自ら考えることで広く役立つ分析力を身に付けられる。

土井寛之代表は会社員時代にウィンドサーフィンに熱中、単身オーストラリアへ修業の旅に出た。しかし、なぜかつまらなかったという。「目標を共有する仲間とゴールへ向かっていくプロセスこそが自分がスポーツに引かれる理由だった。そこで、スポーツの分析は教育的価値が大いにあると気がついた」（土井氏）。

直近ではその教育的価値が見いだされ小学校などの体育の授業で導入される事例も出てきた。今後もＡＩ開発などアプリを強化し、さらなる導入拡大を目指す。

（二階堂遼馬、武山隼大）

移動に革新をもたらすベンチャーが続々

ＥＶ（電気自動車）に自動運転、空飛ぶクルマに船まで。人や物の移動に革新をもたらすベンチャーが続々登場。

チューリング（TURING）

【設立】２０２１年８月【資本金】３０００万円【社員数】１２人

完全自動運転車開発の新鋭　AI磨き「テスラ超え」狙う

「We Overtake Tesla.」。そんな合言葉を掲げるのが、完全自動運転車を開発するチューリングだ。

ＥＶの巨人に挑む同社を率いるのは、ＡＩ領域のカリスマ２人。山本一成ＣＥＯはプロ棋士を破った将棋ＡＩ「ポナンザ」の開発者として知られる。青木俊介ＣＴＯは自動運転研究の名門・米カーネギーメロン大学で博士号を取得し、自動車メーカーとの共同研究にも携わってきた。

２０２２年７月には複数のＶＣなどから１０億円の資金調達に成功。８月にはＫＤＤＩによる出資も発表した。

まずは２３年中に、トヨタ自動車のベース車両を改造した運転支援機能付きのガソリン車を完成させるのが目標。すでに施設内での実証を開始し、初の公道走行も千葉県内で予定している。これらを経て、最終的には完全自動運転ＥＶの完成を目指す。

特徴的なのが、フロントガラスに設置したカメラの映像とディープラーニングを基に、ＡＩが運転操作の判断を下すシステムを採用している点。自動車メーカーの多くは道路環境などを把握するのに高価なセンサー類を大量に車両へ搭載するが、この手法なら価格を抑えられる。

「巨大な産業にイノベーションを起こしたい」（山本氏）。欧米・中国勢が躍進する自動車業界に新風を吹き込めるか。

テラワットテクノロジー（TeraWatt Technology）

【設立】２０２０年1月【資本金】１００万円（日本法人）

エネルギー密度高い電池開発　電池の用途の広がりを期待

リチウムイオン電池はこれまで、スマホや小型機器などで使われていたが、近年はEVといった輸送機器や大型機械でも使われるようになっている。

一般的なリチウムイオン電池のエネルギー密度は２８０ワット時／キログラムとされる。しかし、商用化の前例がない４００ワット時／キログラム以上と高エネルギー密度の次世代リチウムイオン電池の開発を進める。

創業者の緒方健氏は、英国の大学で博士号を取得し、電池メーカーでの開発にも従事していた。高エネルギー密度の電池の開発はEVやドローンの航続距離を延ばすことにもつながり、需要は高いとにらみ起業を決意。多数のVCが出資し、２０２２年

7月にはダイキン工業が出資を決めた。今後は海外からの投資も呼び込む構えだ。

現在、商用サイズでの試作品を完成させ、国際規格の安全性能試験も通過。数年以内の商用化に向けて着々と準備を進めている。

電池開発はエネルギー密度の向上だけでは十分ではない。リチウムイオン電池の場合、何度使用してもへたらず、発火しないといった条件をクリアする難しさがある。さらに、商用化には部材開発だけでなく、製造工程での技術開発も欠かせない。

緒方氏は起業当初からそれらを見越して人材を採用。開発から量産まで一気通貫で行える体制を目指す。本社は米国だが、日本にも拠点を構える。日本ではリチウムイオン電池の開発と量産を実現する優秀な人材を多く確保できることが理由としては大きい。

ピレニー（Pyrenee）

【設立】２０１６年１月【資本金】１００万円【社員数】１０人（連続起業家）

AIが安全運転をサポート　ドライバーの「うっかり」防ぐ

自動車向けの先進安全技術機器「ピレニードライブ（Pyrenee Drive）」を開発する。機器にあるカメラから、前方の歩行者や自動車を検知し、ＡＩでその後の動きを予測。衝突の危険がある場合は、音と画面表示で知らせる。よそ見やあくびが続いていると、ドライバーへの声かけも行う。まさに、助手として運転手を見守ってくれる「ドライバーの相棒」といえる存在だ。ＡＩ技術であるディープラーニングを活用しているが、ユーザーの映像や行動を追加学習することで、予測精度も高まっていくという。

機器は車のダッシュボード上に置くだけ、電源も車内のシガーソケットが使用でき、設置費用もかからない。

自動車の交通事故のうち9割以上がドライバー起因で、発見の遅れなどヒューマンエラーが引き起こしている点に創業者の三野龍太ＣＥＯは着目。建築工具メーカーで製品開発に携わった経歴もあり、ドライバーによる交通事故の件数を減らす製品をつくれないか開発の検討を始めた。技術者との検証を経て、交通事故を大幅に防げる製品開発が可能とわかり、起業に至った。同社は2022年6月に亡くなった元ソニー会長の出井伸之氏が支援、顧問にも就任していた。

一般の乗用車のほか、運送車両での利用も視野に入れ、物流大手のSBSロジコムとも提携する。

製品は2023年後半にもプレ発売にこぎ着ける予定で、「機能としての使いやすさのほか使っていて楽しいと思えるような娯楽要素も入れたい」(三野氏)という。

テトラ・アビエーション

【設立】2018年6月【資本金】3億3988万円【社員数】15人

(大学発)市販向け垂直離着陸機を開発 2023年春にベータ版を販売へ

「30分で100キロメートル移動」を目標に、1人乗り用の「空飛ぶクルマ」の開発を続けている。その足がかりとなるのが、市販向け垂直離着陸機「Ｍｋ－５」だ。Ｍｋ－５は、４枚の固定翼に、バッテリーが動力源の３２枚のプロペラが搭載され、うち２枚が故障しても安全に離着陸ができる。価格は４０万ドルで、航続距離は１６０キロメートルだ。２０２３年３月からベータテストの形で購入者に納品を始める。米国などで４０台を販売するのが目標。同時に乗り心地や使い勝手を把握し、改善点を洗い出す計画だ。

米国中心に３００件超の問い合わせがあったが、販売先はそうした研究開発に携わってくれる顧客に厳選している。

中井佑代表は東京大学でロケットの研究なども行い、「空中移動をもっとありふれた存在にし、飛行という世界観の魅力を多くの人に届けたい」という思いを持つ。

ただ空飛ぶクルマは新しい概念ゆえにまだまだ認知度が低い。そこで同社は、２５年に開催される大阪・関西万博で、２人乗り用の新機体を使ったデモフライトを目指している。

スカイドライブ（SkyDrive）

【設立】2018年7月【資本金】1億円【社員数】108人（連続起業家）

（大学発）「空飛ぶクルマ」を開発　25年の事業開始に向け準備

2020年8月に国内初の空飛ぶクルマの有人飛行実験を行ったのがスカイドライブ。22年3月にはスズキと事業・技術に関する連携協定を結ぶなど、業界でも注目される存在になっている。

有人実験で使われた試作機「SD－03」は、全長4メートル、全幅4メートル、全高2メートルとコンパクトで離着陸がしやすい構造になっている。電動で環境にやさしいだけでなく、複数のプロペラとバッテリーを搭載することで、どれかが故障しても航続できる安全性を備える。

同社は「スカイリフト（SkyLift）」という物流ドローンも展開。30キログラムまでの重量物を運べ、現在は山間部の資機材運搬などで使われている。「近い将来に1万人の代替労働力にしたい」と、福澤知浩代表。自動車メーカー勤務時代に、業界の変化の遅さを感じ、イノベーションを起こしたいという思いを抱くようになったのが、起業のきっかけだ。

同社は、2025年の事業開始に向け、国土交通省から型式認証を得るための申請を始めた。さらに22年度中には「SD－05」という2人乗りの新機体のデザインを発表する予定だ。

エイトノット

【設立】2021年3月【資本金】2805万円【社員数】8人

船舶の自律航行技術を開発　水上移動をより便利で安全に

人や物を自動で運ぶ船ができたら、離島の生活が一変するかもしれない。ロボティクスとAIであらゆる水上モビリティを自律化することを目指している。壮大なミッションだが、着実にステップを踏む。創業から半年で小型船舶向けの自律航行技術の開発と実証実験に成功。桟橋との距離をセンサーで測り、離着岸も自動でできる。

創業者の木村裕人ＣＥＯは、海上交通に山積する課題を技術で解決できないかと起業した。離島と本土や島同士を結ぶ航路は過疎化で減便に追い込まれ、交通が不便になるとさらに過疎化が進む悪循環に陥っている。担い手不足も深刻だ。「自律航行できる船が増えれば、人や物の移動がもっと便利になる。過疎に悩む離島に移住や観光などの新たなビジネスチャンスも生まれるはず」（木村ＣＥＯ）。

開発チームは広島商船高等専門学校との提携で海の知見を補い、潮流や風、波の影響を考慮したより安全な自律航行を目指す。普及を見据え、現実的なコストでの開発にもこだわる。目標とする２５年の自律航行の社会実装に向け、全速前進が続く。

（横山隼也、井上沙耶、村松魁理、木皮透庸、遠山綾乃）

【宇宙】

宇宙を身近にする技術が盛り上がり

ロケットの再使用から小型衛星の打ち上げまで、低コストで宇宙を身近にする技術が盛り上がりを見せる。

スペースウォーカー（SPACE WALKER）

【設立】２０１７年１２月【資本金】１１億１６００万円【社員数】２１人

（大学発）再使用可能なロケット開発　宇宙を身近にする

有翼式で小型の再使用ロケットを開発する。

ロケットは使い捨てが多く、大型機だと打ち上げに1回100億円もかかる。そこでロケットを再使用して費用を抑え、高頻度の打ち上げを可能にする。

環境負荷も考慮。現在、ロケットの多くは海に捨てられるうえ、燃料の中には毒性の強い物質が含まれることもある。世界的に打ち上げ数が増加する今後を見据え、燃料には液化バイオメタンを使う。

まずは2027年に無人ロケットを打ち上げ、人工衛星を発射する。2040年代には、宇宙―地球間輸送や、宇宙まで行くことで地球上の移動時間を短縮する有人事業の開始を目指す。「宇宙へのインフラができれば人類の活動圏が広がる」(眞鍋顕秀CEO)。

開発にかかる金額は、高度100キロメートルまで有人ロケットを往復させる段階までで400億円。資金調達のため、ロケット開発で培った技術を基に2021年夏に始めたのが、水素などを運ぶタンクの事業だ。タンク事業を伸ばして上場を果たし、そこで得た資金を基にロケット開発を進める。

SPACE WALKER
(スペースウォーカー)

眞鍋CEO。重視するのは、ロケットの再使用と環境にやさしい燃料の使用だ

エレベーションスペース（ElevationSpace）

【設立】2021年2月【資本金】3億4088万円【社員数】14人

実験用の小型人工衛星を運用　23年末に実証打ち上げ予定

実験用の小型人工衛星を開発する。他社のロケットで無人の人工衛星を打ち上げ、人工衛星内で顧客の実験を行い地球に帰還する。

無人だと、有人の場合と比べ割安で、高頻度で実験ができる。現在宇宙での実験費用は、宇宙飛行士や厳格な安全審査の費用もあり1キログラム当たり1000万円以上になるが、1キロ当たり500万～1000万円の料金設定を見込む。

宇宙での食料生産に向けた実験や製品の性能試験のほか、地上では作れない材料の開発や創薬需要もある。海外を含めても同様の事業を手がける会社は数社のみ。「競合と同じスピード感で先頭集団を走っている」（小林稜平（りょうへい）CEO）。

JAXAなどでの経験豊富な技術顧問や、東北大学で人工衛星を開発する共同創業者を擁し、技術的な優位性がある。また競合は米国などに集中するため、日本やアジアの市場を取り込みやすい。

宇宙から地球に帰還する技術を実証するため、2023年末に約200キロの人工衛星を打ち上げる予定だ。26年には1トン級の人工衛星を複数基製造し、本格的な商用化を狙う。26年以降は、2カ月に1回程度の打ち上げを目指す。

アークエッジ・スペース

【設立】2018年7月【資本金】27億円【社員数】31人

(大学発)超小型人工衛星の開発 2025年までに7機打ち上げへ

世界で初めてキューブサット(10センチメートル角の人工衛星)の打ち上げを成功させた東京大学の中須賀・船瀬研究室のノウハウを活用し、衛星運用を事業化している。

主に扱う衛星は、3U衛星(10センチ × 10センチ × 30センチ)、6U衛星(10センチ × 20センチ × 30センチ)の2種類で、通信や測位などができる。

超小型衛星には、衛星の製造費用はもちろん、打ち上げ費用も抑えられるメリットがある。加えて、衛星自体の提供だけでなく、衛星の配置や軌道の設計、打ち上げた後の衛星の制御にも強みがある。そのため多様なミッションに応えることが可能だ。

超小型衛星の運用については、とくに海洋安全保障分野での期待が大きい。衛星がより効力を発揮するのは、地上のインフラが未発達、あるいは到達しない場所だ。衛星を通じた自動航行の支援や救難・救援、不審船の把握など、「海のデジタル化、という分野は文字どおりブルーオーシャン」（福代孝良代表）だ。

経済産業省の超小型衛星に関する実証事業にも採択され、2023年から25年までの間に、安全保障や月の開発を含む多分野で、少なくとも6U衛星7機の打ち上げが決定している。

（遠山綾乃、吉野月華）

アークエッジ・スペース

福代氏(上)と、業界でも最小クラスといわれる衛星(下)

【ものづくり】

大学や研究機関発の技術で躍進

重厚長大な製造業の変革にもベンチャーが一役買っている。大学や研究機関発の技術で躍進するケースもある。

アダコテック

【設立】2012年3月【資本金】8億5000万円【社員数】20人

検品作業の自動化ソフト　産総研技術でAIの難点克服

AIによって検品作業を自動化するソフトウェアを月額課金形式で販売する。すでに自動車業界で「ティア1」と呼ばれる最大手級の部品メーカーなど、さまざまな現場への導入が進んでいる。

　不良品の発生頻度が低い日本の製造業では、ＡＩの学習に必要な不良品のサンプル画像がなかなか蓄積できず、精度が上がりにくい。また、ＡＩの判定基準がブラックボックスになる点も課題だ。見逃しが重大な事故につながる製品を製造する現場では、なぜそのような判定になったのか、説明責任が厳しく問われる。

　アダコテックは国立研究開発法人産業技術総合研究所（産総研）で開発された高次局所自己相関（ＨＬＡＣ）特徴抽出法を応用し、これらの課題を乗り越えた。さらに正常・不良の判定基準として採用する特徴を利用者側で選択することも可能で、どの特徴においてどの程度の逸脱まで正常とするか、といった厳密さの調整もできる。

　２２年2月には欠陥の種類を判別・分類できる拡張機能もリリースした。ホンダとの共同実証では、欠陥を１００％検出することができ、８８％の精度で欠陥の種類を分類することもできた。

「競合も出ているが、市場は大きくブルーオーシャン」（河邑亮太代表）。今後はソフトに加えハードとの一体提供に向けた準備も進める。

ルテリア（RUTILEA）

【設立】2016年9月【資本金】5億7500万円【社員数】35人（連続起業家）

（大学発）工場の検査を自動化　簡便性を強みに拡大

カメラが工場で撮影した静止画をコンピューターが解析するプログラミングソフトウェア「イメージプロ（Image Pro）」を提供する。

AIなどを生かして製品が正しい向きに置かれているかなどを確認し、工場での製造中や出荷前の検査の自動化に貢献する。

製造現場では、自動化の余地がまだ大きい。人が金属製の部品から出る音を聞いて、出荷の可否を判断することもある。さらに、問題が起きると検査基準は厳しくなりがちだが、一方で人件費を抑制する需要も強い。

強みは「簡便性」にある。通常AIベンダーなど複数の業者に発注する必要があるが、同社ではカメラも含めて一括で納品可能だ。さらにプログラミング言語を習得する必要がなく、マウス操作でプログラムを作成できる。

矢野貴文社長は中古品の価格解析事業を京都大学大学院在学中に開業。当初の事業は売却し、2018年12月に現在の検査の自動化事業を始めた。画像解析で使われる数式は、以前研究していたMRI（磁気共鳴断層撮影）の信号解析で使われるものと似ているうえ、製品に言語の壁がなく輸出しやすい点も、現在の事業を始めた理由の1つだ。「製品の種はできた」（矢野社長）。今後は期間工の教育用の動画分析など、新製品を投入する予定だ。また、現在は顧客の6割を自動車部品のサプライヤーが占めるが、食品卸など新たな業種への拡販も目指す。販路の拡充に向け、技術商社などの買収も視野に入れている。

スキルノート（Skillnote）

【設立】2016年1月【資本金】5億1476万円【社員数】35人

スキル管理の支援ツール　力量管理データの一元化実現

今、製造現場で課題となっているのがスキルマネジメント（力量管理）だ。人手不足により、外国人労働者や有期雇用、再雇用の労働者など人材の多様化、流動化も進んでいる。加えて、かつてと比べて技術革新のスピードが速く、身に付けたスキルはすぐに陳腐化してしまう。

その対応策は、労働者のスキルを正確に把握し、新しい技術の習得を効率的に行えるようサポートすることだ。スキルノートは製造現場に特化したスキルマネジメントをサポートするツールだ。

製造業の現場では、ISO9001など、品質保証を目的とした国際規格を満たす目的で以前からスキル管理・教育管理が行われていた。しかし実態としては、「規格を満たすための書類作り」という側面が大きくなっていた。また、各人が身につけたスキルについての情報は、紙とハンコで管理されることが多い。量も膨大だ。

そこに目をつけたのが山川隆史代表。既存のスキル管理表を参考に、クラウド上で同様の作業が行えるシステムを開発した。データを一元化できることも特長の1つ。全社的に足りないスキルを可視化することができ、計画的な人材育成につなげられる。もちろん、ISO認証用の書類作成にも活用できる。

「実は企業がやりたかったのは、育成計画を立てること」（山川氏）

自身も製造業出身である山川氏の目のつけどころは的を射ていた。最近では、製造現場以外にも導入企業が増えているという。

スペースパワーテクノロジーズ（Space Power Technologies）

【設立】2019年5月【資本金】1億3000万円【社員数】5人

（大学発）「無線給電」で新市場開拓　まずは無人工場・倉庫で実装

「ワイヤレス（無線）給電」の実用化を進める。受電するアンテナがある場所をカメラが認識し、送電器から受電器に電波でエネルギーを送る仕組み。受電器が動いても、カメラが捕捉できる範囲内なら給電可能だ。

用途は幅広い。例えば工作機械に搭載されるセンサーは精密なため、有線では電源供給できず1～2日ごとの電池交換が必須だが、無線給電なら製造ラインを止めずに済む。ほかにも倉庫内でピッキング指示を表示する機械のように、多くの充電対象を取り外して充電し、元に戻す必要がある場面での効率化が可能だ。

受電器が高出力なうえ、電力の変換効率も高いのが強みだ。競合が対応できない、数日で電池がなくなる製品にも給電可能。またアンテナ数も抑え、導入費用を低減する。

法整備が進み、2022年5月から無人の工場や倉庫に実装する制度が整った。まずは他社製品に給電機能を搭載すべく開発を進めており、今秋の商品化を目指す。古川実CEOは、「2~3年後に有人エリアでのスマホなどの給電開始、26年には郵便ポストなど電化されていない構造物に搭載する」という未来を描く。

エネコートテクノロジーズ

【設立】2018年1月【資本金】20億円【社員数】30人

(大学発)次世代太陽光電池の材料開発　京大発の技術に大手も注目

次世代太陽光電池の大本命として注目を集めている「ペロブスカイト太陽光電池」。軽くて、薄くて、曲げられる性質を持つため、取り付け場所の適応範囲が広く、シリコン製太陽光電池と比べて発電効率がよい。ＥＶの屋根に取り付けて車載電池の電源として活用する動きもある。

京都大学発ベンチャーの同社は、ペロブスカイト太陽光電池の材料開発と製品化に取り組んでいる。

この技術に注目し、ＫＤＤＩやニコン、日揮などの大手企業がＣＶＣを通じた出資を相次いで行っている。

製造時の環境負荷が少ない点もポイントだ。ペロブスカイト太陽光電池は、溶液を塗って乾かすことによって化学反応を起こし、製造する。シリコン製の場合は、溶融炉を用いるため製造時のエネルギー消費が大きい。

「環境にやさしいということは、コストもかからないということ。まだ開発段階だが、大量生産できれば確実に安く造れる」と、加藤尚哉代表。

現在は量産のための製造ラインを構築中で、２３年度に本格稼働する予定だ。

（遠山綾乃、吉野月華）

クラウドやAI、量子技術も

クラウドやＡＩが普及し、量子技術も台頭。複雑なテクノロジーを簡単に扱えるようにする新星が続々登場。

アイロンワークス（AironWorks）

【設立】２０２１年８月【資本金】９１０４万円【社員数】１０人（連続起業家）

企業向けのセキュリティ訓練　イスラエル発の技術で世界へ

巧妙なメールなどで添付ファイルを開かせ、ウイルスに感染させる。リンク先で個人情報を入力させ抜き取る。典型的なハッカーの手口だ。アイロンワークスはこれを

ＡＩで再現し、企業向けの訓練として提供する。

企業側が社員情報を登録するとＡＩが分析し、弱点を洗い出す。攻撃メッセージを自動で生成し送信。社員が誤って開くなどした場合には警告文で注意を促す。社員の習熟度を一覧管理できるほか、学習コンテンツも提供する。海外の競合もあるが、「個別最適化した訓練はほかにない」と寺田彼日（てらだ あに）ＣＥＯは話す。

寺田氏は世界に通用する事業をつくりたいと思い、新卒入社した会社を退職後、単身イスラエルに渡った。まず日本の大企業向け新規事業支援の会社を立ち上げ、現地の人脈を開拓。国防軍のセキュリティ専門部隊に在籍したエンジニアと知り合い、起業した。

横浜銀行が最初の大口顧客となり、現在は十数社が導入。今後はユダヤ系の人脈を生かし、欧米や東南アジアにも拡大したい考えだ。

オースリート（Authlete）

【設立】２０１５年９月【資本金】４億４４７１万円【社員数】２０人

ＡＰＩ連携技術を提供　金融機関向けの高いセキュリティ

アプリ同士をつないでデータを融通するＡＰＩ連携。システムを開発することなく機能拡張できるため急速に普及しているが、悪意あるアプリに対してもユーザーデータを提供してしまうリスクがある。それを解決するのがオースリートだ。

ＡＰＩ連携を希望するアプリに対してトークンを発行する。このトークンがなければ、アクセスが認可されない。さらに世界標準「金融グレードＡＰＩ」も満たしており、盗んだトークンを用いたアクセスも拒否できる。

エンジニアとしてＩＴ企業を渡り歩いた川崎貴彦代表は、トークンを与えるこのアイデアを思いつき、システムも自ら開発した。高いセキュリティ水準が評判を呼び、ネット銀行やフィンテック企業の導入が相次いだ。２０２１年には世界最大のネット銀行ヌーバンク（ブラジル）にも採用された。

日本と英国、アラブ首長国連邦にオフィスを構える同社だが、視線の先にあるのは米国進出だ。「米国企業に採用される水準まで技術を磨く」（川崎氏）。

ファストラベル（FastLabel）

【設立】２０２０年１月【資本金】5億２６８８万円【社員数】２０人

教師データ作成を支援 AI開発の陰の立役者

「ＡＩ開発を１０倍速くする」をモットーにするのがファストラベルだ。ＡＩ開発の課題は、ＡＩが学習するために必要な「教師データ」の作成に時間がかかること。データの作成は、人が手作業で行うことが多い。

同社は、その作業を効率化する。データ作成の代行やＡＩ開発の負担を減らすプラットフォームを提供。開発コストを減らせるほか、エンジニアなどの専門人員でなくとも開発できるようになる。価格帯は非公表だが、データ量などに応じた料金体系だ。

上田英介CEOは、もともとエンジニアの出身。自身もAI開発に携わる中、AIの社会実装を加速させる狙いで起業した。現在、AI開発を手がけるIT企業など100社以上が導入しており、足元でも引き合いは強い。2026年をメドにIPOを目指す。

22年7月にはジャフコ グループなどから4億6000万円を調達、プラットフォーム機能の開発強化に充てる方針だ。ユースケースに応じて自動でデータを作成するモデル数を増やすなどの取り組みを急ぐ。モデル数が増えれば、顧客は開発期間を短縮できる。

ルクオム（LQUOM）

【設立】2020年1月【資本金】1億1800万円【社員数】6人

（大学発）量子中継器開発の大学発企業　世界初の製品化目指す

「量子中継器」と呼ばれるハードウェア機器などの製品開発に取り組む。演算能力が極めて高い「量子コンピューター」が実用化された際の通信基盤に不可欠のものだ。新関和哉社長は「量子中継器を製品化した例は国内外でまだない。世界初の製品を作りたい」と話す。

新関氏が横浜国立大学大学院の博士課程在学中に設立した大学発ベンチャー。量子に関する研究を長年続けてきた同大堀切智之准教授の研究成果を技術基盤としている。2023年中に中継器の試作品を完成させ、25年をメドに外販へこぎ着けたい考えだ。

量子コンピューターが実用化された場合、それらをつなぐ通信基盤は光の技術を活用することになる。各地に敷設された光ファイバーに中継器を取り付けることになりそうだ。また、量子の状態を保ったまま遠隔地に伝えるためには、中継器が数十キロメートルに1つの密度で必要になるという。

将来的には、中継器の量産体制構築を第一に考え、IPOや事業譲渡など多様な選択肢を考えているようだ。22年5月には光デバイス製造を手がけるオキサイドと提携を交わすなど、外部連携も強化している。

LQUOM（ルクオム）

開発中の製品（右）と新関氏（下）

レベティ（Levetty）

【設立】２０１９年１１月【資本金】１０４６万円【社員数】６人

クラウドの設定ミスを検出　大物海外投資家が異例の出資

アマゾンやグーグル、マイクロソフトといった米国のメガクラウドを活用する動きが日本でも広がる。一方で、クラウドセキュリティ事故の９割以上は、単純な設定ミスに起因するという。

レベティが展開する「クラウドベース」は、３００以上にも上るクラウドの設定項目をチェックし、自動でミスを検出。さらにその危険度も表示する。今後はハッカーの攻撃など、設定ミス以外の異常検知機能も実装する予定だ。

創業者の岩佐晃也ＣＥＯは小学生でプログラミングにのめり込み、京都大学在学中に起業。紆余曲折を経て、７つ目の事業となるクラウドベースで手応えを得たという。投資銀行やメガベンチャーから大学の同級生が集まった。

海外では先行企業が多く、投資家からの注目度も高い。ネット上で情報を得た米大手ファンドのアリーナ・ホールディングスから直接連絡が入り、出資が決まった。創業初期の国内企業へ向けて海外からの投資は異例だ。現在はスズキやNTT系など約15社が導入済み。「1年後にはアジア進出を目指したい」(岩佐氏)。

アルファス

【設立】2015年1月【資本金】5億7489万円【社員数】17人

AWSなどの利用最適化実現　クラウドコストを見える化

事業の柱は、米アマゾンのAWS(アマゾン ウェブ サービス)をはじめ、マイクロソフトやグーグルなど、複数のクラウドの利用状況を可視化し、コスト削減につなげるツール群「アルファス クラウド」の開発・展開だ。

海外の主要なクラウドサービスは請求がドル建て。利用状況を把握するのも手間だが、同社のツールならコストを部署単位、プロジェクト単位などで可視化できる。エンドユーザーは日々の利用金額がわかるので、コストの最適化に役立てられる。集計処理や按分処理、請求書の発行も自動で行う。人的作業が80%削減された事例もある。

「(自社でソフト・ハードを確保する) オンプレミスからクラウドへの移行は加速する。その波を捉えたい」と廣瀬肇社長。売り上げは3年間で4・6倍に成長し、2021年には東南アジアにも本格的に進出した。現在は日本とマレーシア・クアラルンプールに拠点を構える。「日本で契約を増やす一方、アジアや米国にもサービスを浸透させていきたい」(廣瀬氏)という。

(中川雅博、一井　純、高野馨太、ライター:大正谷成晴)

【医療】

ベンチャーの力でデジタル化が進化

アナログな仕組みが根強く残る医療の世界でも、ベンチャーの力でデジタル化が大きく進もうとしている。

スマートスキャン

【設立】2017年2月【資本金】20億1629万円【社員数】37人

脳ドックをITで価格破壊 〝MRIシェアリング〟の威力

スマホから予約、検査時間は30分、価格は相場の半値以下の1万7500円、検査結果は数日後にウェブで確認できるという「スマート脳ドック」。これを展開するのがスマートスキャンだ。

健康診断にはＭＲＩ検査はないが、脳血管疾患は日本人の死因の上位に位置する。創業者の濱野斗百礼（はまの ともあき）代表は「必要なのに受けづらい。そこに商機があると思った」と話す。

脳ドックの価格が高かった要因は、ＭＲＩの初期投資や固定費の高さにある。にもかかわらず、稼働率が低い。

そこで東京や大阪に開いた自社プロデュースのクリニックでは、検索エンジンで集客、ネット予約で待ち時間をなくし、高稼働率を実現した。

さらにＭＲＩを保有する医療機関と提携し、空き時間に予約枠を入れるモデルをつくった。検査画像の読影はクラウド上で自社の医師が行うため、医療機関側は検査をするだけで手数料が入る。提携先は直近では１２０に達した。

濱野氏は、楽天で１０年以上メディア・広告事業の執行役員を務めた後に起業。「もともとＩＴ屋なのでシステムのつくり込みやマーケティングは得意。医療のＤＸを進めたい」と意気込む。

2022年2月に資本提携した出光興産との協業で、MRI装置を積んだ車両をガソリンスタンドに設置し、地域住民やトラック運転手などに脳ドックを提供する施策も始まった。「皆がどこでも検査を受けられる環境をつくる」（濱野氏）。

アキュリスファーマ

【設立】2021年1月【資本金】1億円【社員数】18人

神経・精神疾患の薬を開発　薬剤以外への展開も視野

ソフトバンク・ビジョン・ファンドの国内第1号投資先としても注目されたアキュリスファーマは、神経・精神疾患に特化した治療薬の開発を行っている。

1つは、欧米ですでに販売されている「ピトリサント」という睡眠障害の薬。フランスの医薬品メーカーから国内の開発・販売権を取得し、臨床試験を進めている。また、てんかん発作時に使う経鼻スプレーの開発・販売権も米国企業から取得。注射剤としては国内でも60年以上の使用実績がある成分をスプレータイプにしたもので、こちらも米国では承認済みだ。

綱場一成社長はスイスの医薬品メーカー大手・ノバルティス日本法人の元社長。「外資系企業の日本法人では、睡眠など日本の社会課題にがっつり取り組むのは難しい」と退任後に起業した。

国内未承認薬の開発を進める一方で、「目指しているのはピル（薬剤）だけではなくて、複数のソリューションを活用しながら課題を解決していくこと」（綱場氏）。

6月には睡眠障害がある患者の実態調査のため、AI問診システムを展開するユビーと提携。データは、ウェアラブルデバイスを使った治療などにも活用していく方針だ。また、てんかんでも発作記録アプリの運営会社と提携。実際の発作データを新薬開発などに生かすという。

アイリス

【設立】２０１７年１１月【資本金】１５億９０００万円【社員数】４１人

インフルエンザをAIで検出　1万人の喉の画像を集め開発

喉の画像を撮影し、ＡＩがインフルエンザの兆候を見つけ出す。アイリスが開発するシステム「ノドカ（nodoca）」は２０２２年４月に薬事承認を取得した。

独自開発のカメラで咽頭を撮影し、インフルエンザ感染時にできる「濾胞（ろほう）」をＡＩが探す。問診内容も踏まえて感染が疑われると、パソコンの画面に通知。これを基に医師が診断するという流れだ。

ＡＩの開発には大量の咽頭画像が不可欠だった。全国およそ１００の医療機関、１万人の患者の協力を得て、３年で５０万枚以上を撮影した。その後、治験を経て２０２１年６月に承認申請を行い、今回の取得に至った。年内の保険適用を目指している。

これまでインフルエンザ検査は鼻腔の奥の粘膜を拭う方法が一般的だったが、患者への負担が大きかった。ノドカを使った方法では、患者が専用のカメラを数秒くわえるだけで完了する。

現役の医師でもある創業者の沖山翔ＣＥＯは沖縄の離島で勤務した経験があり、「患者と医師が島の医療の改善に一緒に奮闘する姿を目の当たりにした」という。「皆で医療をつくる社会を実現したい」。ノドカの開発も患者の協力があって実現した。

アイリスは約４０億円の資金調達を実施済み。今後は機器の製造や医療機関への販売を本格化させる。さらに新型コロナウイルスなど複数のほかの疾患の検出に関しても、大学病院などと共同研究を進める。「全国１０万の開業医に広く届けたい」（沖山氏）。

アイリス

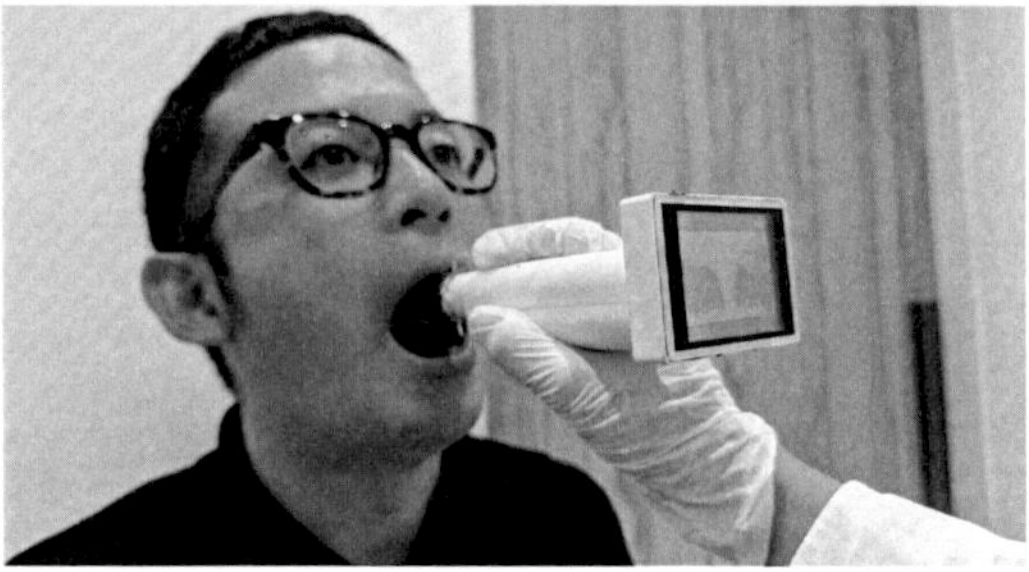

専用のカメラで喉の画像を撮影し、AIが十数秒で検出

ユイメディ（Yuimedi）

【設立】２０２０年１１月【資本金】５５００万円【社員数】１６人

医療データの活用支援ツール　バラバラなデータを標準化

患者の病歴や治療・服薬歴など「医療ビッグデータ」の、予防医療や創薬への活用が注目されている。

だが、こうしたデータは最初から活用しやすい状態にあるわけではない。医療機関ではさまざまな種類の検査システムや電子カルテが使われており、データの形式が違ったり、入力項目などがそろっていなかったりする。医療系の専門用語も多く、活用できる形に標準化する作業は人力に頼る部分が大きい。

ユイメディは、こうしたデータを自動で標準化するツールを展開する。データ形式をそろえるだけではなく、病名などの表記揺れを修正して抽出したり、異常値を自動で検出したりできる。「医療データは特殊なので、ツール開発には医療知識があるエンジニアが必要だった」（グライムス英美里社長）。このハードルが高く、こうしたツールはこれまで本格的に開発されてこなかったという。

グライムス氏は、武田薬品工業で新薬の臨床試験に携わっていた経験を持つ。医療データを活用するには人手がかかりすぎることに抱いていた違和感が、起業につながった。米国でもこの分野はまだ発展途上だといい、海外進出にも意欲を見せる。

グレイスグループ

【設立】２０２０年８月【資本金】３億４１１４万円【社員数】１０人（連続起業家）

定額制の卵子凍結サービス　企業の福利厚生としても注目

不妊治療に使う卵子の凍結サービスを手がけている。同様のサービスは多くの中小規模のクリニックでも行われている。卵子は１０年単位で保存する可能性があり、長期保存のリスク管理が課題だった。そのため、細胞バンク事業を手がける上場企業のステムセル研究所と提携。２０年以上の運営実績を持つ同社の大規模施設を活用することで、長期保存のリスクやコストを抑えている。

サービスは月額３９００円で、現在のユーザー数は３００人ほど。足元では１５のクリニックと提携しており、保存しておいた卵子は将来どこでも使うことができる。

勝見祐幸ＣＥＯは、自身も７年間の不妊治療に苦しんだ経験を持つ。人材紹介業を営んでいた２０１９年、米国の大手ＩＴ企業では卵子凍結費用の補助が福利厚生の一環となっていることを知った。「日本で行われている体外受精は年間４０万件以上で世界一。だが高齢になってからの治療が多く、成功率は米国の半分しかない。卵子凍結が日本で広がらないのはおかしいと感じ起業を決めた」（勝見氏）。

出資元になっているサイバーエージェントは、７月から凍結費用の補助制度を導入。ほかの大手企業とも制度導入と併せた提携の話が進んでいる。

ヘンリー

【設立】2018年5月【資本金】1億円【社員数】27人

医療データの電子化に貢献「脱紙カルテ」を手助け

主に中小医療機関向けに、電子カルテと、レセプト（診療報酬明細書）会計システムの開発・提供を行う。

厚生労働省によれば、一般病院のうち200床未満の中小病院では、約半数が電子カルテを導入していない。共同CEOの逆瀬川光人氏と林太郎氏は「電子カルテにしたいが、費用がネックで導入できないという医療機関の課題を解決したい」との思いで開発に携わる。

コストを抑えるため、設置型ではなくクラウド型システムを採用。さらに既存品と比べてカスタマイズできる範囲を限定することなどにより、導入費用を既存品の半分以下に抑えている。

強みは、競合の多いクリニック向けだけでなく、開発難易度が高い病院向けのレセプト会計システムをも手がける点。まだ開発段階だが、数十の病院から声がかかっている。

医療業界の電子化を進める政府は、近い将来200床未満の小規模病院への診療データ提出義務化を実施しようとしている。同社は今後、療養型病院をターゲットに、5年後までに800病院に導入してもらうことを目標にしている。

ヘッジホッグ・メドテック

【設立】2021年10月【資本金】1000万円【社員数】2人

頭痛治療用アプリを開発中　アプリで医療の質向上へ

頭痛治療用アプリを開発する。頭痛は日常の何げない行動が原因となることもあり、治療が難しい領域だ。アプリに症状や行動パターンを記録し、アプリからのフィードバックや、医師側と情報を連携することで適切な診察を行うのが狙い。薬事承認の取得を目指している。

治療対象にまず片頭痛を選んだのは、国内で潜在患者が約1000万人いる中、受診者数は約3割にとどまるとみられているためだ。働く世代に患者が多く、アプリが治療法として受け入れられやすいとも考えた。頭痛は企業の生産性にも影響するため、企業向けのサービスも開発中だ。

川田裕美CEOは、研修医を経て厚生労働省に入省した後、オンライン診療などを手がけるメドレーに入社。自ら起業に至ったのは、医師としての勤務経験の中で「患者側の日常生活が医師側から見えない」(川田氏)ことに課題感を持っていたからだ。

頭痛専門の医師などと共同で、アプリ開発を進める。23年夏ごろまでに臨床研究を実施する見込みだ。川田氏は、アプリの存在が医療機関での治療のきっかけにつながることを願っている。

(中川雅博、石阪友貴、兵頭輝夏)

ベンチャーへの就活に反対する親やパートナー

就職「家族ブロック」対処法

「ベンチャーに就職なんてけしからん！」そう考える保護者が相当数いる。

就職情報サイト「マイナビ」が新卒就活生の保護者を対象に実施した意識調査によると、子どもが設立間もないベンチャーへの就職を希望した際、反対するか賛成するかの問いに、26・8％が反対し、賛成は13・5％。「知名度の高い大企業」に反対する割合0・9％はもとより、「無名の中小企業」の反対割合14・7％をも大きく上回る。

起業間もないベンチャーは、経営が不安定で、仕事もハードワークになりがちというイメージがある。マイナビの高橋誠人編集長は、「ベンチャーは、変化や成長のスピードが速く、それに自分の子どもがついていけるか心配というのも反対する理由の

1つ」という。子どもに苦労をさせたくないという思いから、安定的な大企業や公務員を望むというのが親の願いかもしれない。

家族を持つ転職者にとっても同様の壁がある。転職業界では、「嫁ブロック」という言葉があり、配偶者による反対で転職を諦めるケースがある。大手企業で比較的高い収入や地位を得ていた場合、今後の生活のことを考えて、ますます賛成しづらくなる。

では、そうした反対意見を持つ家族をどのようにして説得すればよいか。

第三者の声を活用する

高橋氏は、「説得するには、ベンチャーの安全性に加えて、熱意と覚悟を訴えるべきだ」と語る。本気度を伝えつつ、不安視する理由が会社の将来性であれば、成長ペースや財務状況を説明し、安心してもらうようにする。

不安を解消するには、第三者の意見を使うのも手だ。ビジネスSNSや人材募集の掲載ツールを展開するウォンテッドリーの奈良英史氏は、「キャリアに関する書籍や記事などを紹介するといい」とアドバイスする。終身雇用の時代は終わり、さまざまな企業でキャリアを積み上げるべきだと説く書籍は数多くある。他者の意見を取り入れて話せば感情的な対立にもなりにくい。さらに、「会社のメンバーに実際に会ってもらって安心感を与えるのも手」（奈良氏）だ。ビジョンやメンバーの経歴、そして採用する理由などを語ってもらい理解を得る方法もある。

反対に、親やパートナーはどう受け止めればよいか。

高橋氏も奈良氏も、先行き不透明な中、大企業＝安定とはいえなくなっており、その点を認識するべきだと指摘する。そのうえで、「生き生きと働ける環境のほうが本人や家族にとって『安定的』という見方もできる」（奈良氏）という。そして、「コミュニケーションをしっかり取りながら、ベンチャーに行く不安要素を取り除いていく」（高橋氏）。家族間で考え方を理解し合うのが何よりも大事なことだろう。

（宇都宮　徹）

危ない会社を見極める方法

就職先にベンチャーを候補にしている場合や、企業の新規事業担当者として提携を考えている、もしくは取引先として検討しているときに、「そのベンチャーと関係を持って大丈夫なのか」という疑念を持つことがあるだろう。最近でも上場企業だった東京大学発のバイオベンチャー・テラが、不正開示や業績不振などから破産手続きを行っている。

反対に「期待ができるよい会社」の特徴も知りたいところだ。ベンチャーの安全性や将来性を見極める際のポイントを解説する。

まずチェックすべきは、反社会的な勢力とつながりがあるかどうかだ。「簡単な検索で名前が挙がってくる場合がある。それをやるだけでも違ってくる」と話すのは、東京商工リサーチ情報本部情報部の増田和史課長。ニュース検索などで、不祥事を起こしていないか調べることができる。最近は取引先などに問題がないかコンプライアンスチェックを行うサービスもある。ただ、噂レベルのものや、誹謗中傷もあるため、中身を見て取捨選択することが重要だ。

また、そのベンチャーの出資元に知名度のあるVCが入っているか、サービスを導入する企業や提携先に大手企業が名を連ねているかでも信用度を見ることができる。

そのうえで、判断基準になってくるのが代表者や成長性、収益性そしてビジョンといった視点だ。

代表者がどのような経歴を持つ人物なのかも参考になる。代表者が代わっている場合は、なぜ代わったのかを知ることで、会社のこれまでの経緯が見えてくる。

成長性は、サービスや商品が時流に乗っているか、独自性があるかという点がポイントだ。

収益性という点では、ベンチャーは投資先行で赤字は当たり前。財務面で一般企業と比べてもあまり意味はない。とはいえ、資金調達をコンスタントに行い、しっかり運転資金が確保されているかは把握すべきだ。増田氏は、「急激に業績が伸びているときは注意が必要。会社の体制がついていけていない可能性がある」と指摘する。業績に比例して社内の体制もきちんと整備されていっているかを確認しておくべきだろう。

一方、事業提携や就職の決め手を判断するうえで必要になってくるのがビジョンだ。それは相手だけではなく、自分も持ち合わせておくことが求められる。

明確な意思を持つこと

ＶＣ大手のグロービス・キャピタル・パートナーズの高宮慎一代表は、「そのベンチャーとの提携で何を実現したいのか明確な意思を持つことが大事」と語る。よい会社かどうか判断をする以前に、自社の既存事業の補完をしたいのか、それとも別の事業を展開したいのか、戦略をきちんと定めて選ぶべきだろう。

就職においても「何を成し遂げたいか、どんなプロフェッショナルになりたいか自己設計をしておきたい」（高宮氏）。就社意識的な発想ではミスマッチを生む原因になりかねない。


（宇都宮　徹）

INTERVIEW　ベンチャー投資家に直撃

世界で勝てるユニコーンは生まれるか

国内ベンチャーの裾野が広がり、投資家の顔ぶれも多彩に。彼らは起業家をどう育てるのか。3人の投資家に聞いた。

「海外のお手本を日本に呼び込み起業家に刺激を」

WiL 代表・伊佐山 元

運用総額は2500億円超、日米を拠点する大手VCのWiL。米国での投資を約20年続けている伊佐山元・代表に、昨今の市況や岸田文雄政権のスタートアップ支援政策について聞いた。

――昨今の市況をどう見ますか。

コロナ禍のカネ余りでソフトバンク・ビジョン・ファンドなど後発投資家の資金が流れ込み、ベンチャーの評価額が吊り上がった。だが株式市場が崩れ、評価額も急落した。多くの投資家にとって、投資先の株式上場の目算が狂ってしまった。

一方、今から投資を始める人にとっては最高の環境だ。以前より安く投資できるし、

ＤＸなどコロナ禍で盛り上がった新しいテーマもある。

――ベンチャー側からすると？

レイターステージの会社や、直近で上場してまだ赤字経営の会社にとっては苦境だ。経営者は必要最小限の人員で早く利益を出すのに必死で、雇用流動性の高い米国では実際大量のレイオフ（解雇）が起きている。

日本ではとくに、宇宙や素材などのディープテック系の会社が苦しくなる。夢物語でも去年くらいまでならお金が集まっていたが、それが通用するのは景気がいいときだけだ。

――日本のスタートアップ支援政策では政府が海外ＶＣに出資する案が盛り込まれましたが、どう見ますか。

個人や企業が貯め込んでいるお金を海外のＶＣに環流させ、日本市場を知ってもらうべきだ。僕らも米国のトップＶＣに出資し、関係を深める取り組みを始めた。

これにより、彼らが投資する筋のいい海外ベンチャーの日本進出を増やす。世界レベルの競争にさらされることで、日本のベンチャーは強くなる。今の状態で制度改革や規制緩和をしても、日本でこれ以上筋のいいベンチャーが増える気がしない。まねるべき海外のロールモデルが必要だ。「外国人に貢いでけしからん」と言う人もいるが、遠回りなようで実効性が高い手法だと思う。

伊佐山　元（いさやま・げん）
大学卒業後、日本興業銀行（現みずほフィナンシャルグループ）に入行。米国留学、ＤＣＭベンチャーズ本社パートナーを経て、１３年から現職。

「今の日本は商機世界で情報集めリスク投資する」

Pavilion Capital Japan マネージングディレクター・平川敦士

シンガポール政府が100％出資し、運用総額38兆円を誇る投資会社テマセクホールディングス。同社が未上場の領域に進出すべく設立したのがパビリオンキャピタルだ。約1000億円の日本専用ファンドを有し、これまでアスエネなど13社に出資している。日本に注目する理由とは。

――なぜ日本特化のファンドを？

パビリオンは未上場の領域に特化したファンドで、VCなどのファンド自体にも、個別ベンチャーにも出資する。日本は政治的に安定しており、しっかりとした技術を持ち成長しているベンチャーが多い。

最近はグローバルに対応できる起業家が増え、われわれのような海外投資家にとってもよいタイミングだ。他国の投資先を見ながら、医療や宇宙、ＥＳＧは日本でも面白い分野だと考えている。

――投資基準は?

その分野でトップ１０に入るファンドや会社だ。あとは対象市場が大きいか、競合との差別化が図れているかなど、シンプルなもの。他社と異なるのは、世界の投資情報網を持つ点だ。各地で出資する有力ファンドからディープな情報を得られる。

専門家も各国に置く。半導体に強い人、ヘルスケアに強い人、脱炭素に強い人。投資検討でも「他国の同業でこんな会社があるからやめるべきだ」「この分野は時間がかかる」といった判断ができる。

出資先には、シンガポールや東南アジアの大手企業を紹介するなど、アジア展開のサポートもしている。

——政府系としてシンガポールで事業展開してほしい、地元企業と連携してほしいという意図は?

あまりない。あくまで純粋にフィナンシャルリターン(金融収益)を求めて投資するというスタンスだ。

私がパビリオンに参画して抱いた印象だが、オーナーシップを持った人が多く、リスクを許容する姿勢があると感じている。

平川敦士(ひらかわ・あつし)

監査法人、外資系戦略コンサルを経て、VC業界へ転身。創業期からの支援に関わる投資方針で長く活動。20年から現職。

「ローカルで培った強み活用　組織面の支援も」

カーライル・ジャパン　マネージング　ディレクター日本副代表・富岡隆臣

禁煙や高血圧の「治療アプリ」を開発するキュア・アップに約70億円出資するなど、日本で攻勢をかける米カーライル・グループ。プライベートエクイティー（ＰＥ）ファンドとして成熟企業に投資してきた同社が今、ベンチャーに注目するのはなぜか。

――カーライルがベンチャー投資に乗り出した理由は？

２０２０年に組成した日本特化の約２６００億円のファンドで、１０％をグロース（成長中の）企業のマイノリティー出資に充てる方針を定めた。われわれが投資するのは、売り上げが伸びて利益が出る段階に入った会社。そこまで育った会社の最後の後押しをするのが役割だ。実際にレイターステージの会社から話をもらうことが、過去2年でかなり増えた。

――運用規模の大きい海外勢など、ライバルは少なくない印象です。

海外のVCや機関投資家が投資を増やしているのは理解している。ただレイターの会社の大半は、メイン市場が日本だ。ここに拠点を持つわれわれのほうが、ローカルの市場でビジネスをどう育てるかに精通している面はある。

グローバルと同じくくりで見られる業界もある一方で、キュア・アップのような医療・製薬業界は国によって規制が異なる。われわれのファンドは日本で資金調達し、日本のチームが投資判断をしている。PEファンドはローカルビジネスだ。

――具体的な経営支援にはどんなものがあるのでしょうか。

経営戦略を高度にしていくためのあらゆる支援だ。社員数が200人規模になると組織を強くするための人事面のサポートをする場合もある。日本でも過去30社以上に投資しており、数百人規模の中堅企業が多かった。この規模になったからこそ必要になる機能は十分に理解している。上場・再上場した投資先も8社あり、投資家に評価される会社としてどうあるべきかの助言もしている。

富岡隆臣（とみおか・たかおみ）

日本長期信用銀行に13年勤務後、GE Capital Japan に移籍、4社の上場を実現。20年から現職、日本事業の業績全般の責任を担う。

『すごいベンチャー2022』〔後編〕の掲載会社（目次）

【教育・学習】スタディバレー／マナビー
【エンタメ】カバー／ブレイブグループ／ラジオトーク／ソジ／シーナリーセント／ソノリゴ／ミッシュ
【人材】ユートラスト／ミーティー／パナリット／フクスケ／スクー／テイラーワークス／ミーブ
【広告・マーケ】リチカ／トリドリ／ウェッド
【金融】シンプルフォーム／アップサイダー／ホカン／シーボ証券／ナッジ
【法務】リーガルスケープ／ハブル
【建設・不動産】テラス／クラッソーネ／すむたす
【物流】アセンド／キューバス／プレックス
INTERVIEW 「GAFAMと対等に戦うための政策が必要」（山田進太郎）

【週刊東洋経済】

本書は、東洋経済新報社『週刊東洋経済』2022年9月17日・24日合併号より抜粋、加筆修正のうえ制作しています。この記事が完全収録された底本をはじめ、雑誌バックナンバーは小社ホームページからもお求めいただけます。

小社では、『週刊東洋経済 eビジネス新書』シリーズをはじめ、このほかにも多数の電子書籍ラインナップをそろえております。ぜひストアにて**「東洋経済」**で検索してみてください。

『週刊東洋経済 eビジネス新書』シリーズ

No.408 今を語る16の視点 2022

No.409 狙われる富裕層

No.410 ライフシフト超入門

No.411 企業価値の新常識

No.412　暗号資産&ＮＦＴ
No.413　ゼネコン激動期
No.414　病院サバイバル
No.415　生保　最新事情
No.416　Ｍ&Ａマフィア
No.417　工場が消える
No.418　経済超入門　２０２２
No.419　東証　沈没
No.420　テクノロジーの未来地図
No.421　年金の新常識
No.422　先を知るための読書案内
No.423　欧州動乱史
No.424　物流ドライバーが消える日
No.425　エネルギー戦争

週刊東洋経済eビジネス新書　No.438
すごいベンチャー2022〔前編〕

【本誌（底本）】
編集局　中川雅博、長瀧菜摘、大竹麗子、宇都宮　徹
デザイン　dig（成宮　成、山﨑綾子、峰村沙那、坂本弓華）
進行管理　岩原順子、平野　藍
発行日　2022年9月17日

【電子版】
編集制作　塚田由紀夫、長谷川　隆
デザイン　市川和代
制作協力　丸井工文社
発行日　2023年11月2日　Ver.1

発行所　〒103-8345
東京都中央区日本橋本石町1-2-1
東洋経済新報社
電話　東洋経済カスタマーセンター
03（6386）1040
https://toyokeizai.net/
発行人　田北浩章

電子書籍化に際しては、仕様上の都合などにより適宜編集を加えています。登場人物に関する情報、価格、為替レートなどは、特に記載のない限り底本編集当時のものです。一部の漢字を簡易慣用字体やかなで表記している場合があります。本書は縦書きでレイアウトしています。ご覧になる機種により表示に差が生じることがあります。

※本刊行物は、電子書籍版に基づいてプリントオンデマンド版として作成されたものです。